Lettres du Dahomey

Jean-Pierre PAULAIS

Lettres du Dahomey

1952-1954

« Le code de la propriété intellectuelle et artistique n'autorisant, aux termes des alinéas 2 et 3 de l'article L.122-5, d'une part, que les « copies ou reproductions strictement réservées à l'usage privé du copiste et non destinées à une utilisation collective » et, d'autre part, que les analyses et les courtes citations dans un but d'exemple et d'illustration, « toute représentation ou reproduction intégrale, ou partielle, faite sans le consentement de l'auteur ou de ses ayants droit, est illicite » (alinéa 1er de l'article L.122-4).
Cette représentation ou reproduction, par quelque procédé que ce soit, constituerait donc une contrefaçon sanctionnée par les articles 425 et suivants du code pénal. »

Mentions légales

© 2024 Jean-Pierre PAULAIS

Édition : BoD · Books on Demand GmbH, In de Tarpen 42, 22848 Norderstedt (Allemagne)
Impression : Libri Plureos GmbH, Friedensallee 273, 22763 Hamburg (Allemagne)

Impression à la demande

Illustration : Jean-Pierre Paulais

ISBN : 978-2-3224-9648-8
Dépôt légal : Octobre 2024

Merci à Valerie Canillas sans qui ce livre n'aurait pas existé

Merci à Claude Pruvot pour ses corrections

Merci à Sacha Barault pour la mise en page

Les souvenirs c'est comme le bon vin, ça se bonifie avec le temps. Au fur et à mesure que l'on vieilli la réalité fait place à l'imaginaire en fonction de son âge, de son vécu ou de son environnement. Et puis doucement cela va devenir des légendes où le difficile deviendra terrible, le bonheur sera idyllique et regretté. Mes souvenirs à moi n'aurons pas subit ce phénomène grâce aux lettres de ma mère qui ont fixés ces moments importants de ma jeunesse. Une façon aussi de la savoir toujours présente près de moi. Mon père a aussi contribué à cela avec les photos que vous avez découvert. Elles ont toutes été prise par lui avec son « Royflex », que je possède toujours, et développées dans le cabinet de toilette transformé en labo photo.

Merci de ce temps partagé avec vous

Préface,

La beauté saisissante des pages que vous allez lire, (récit épistolaire et autobiographique à plusieurs voix, en mode exécutoire d'un ensemble choral intimiste et baroque, sur fond de musiques douces traduites notamment de chants d'oiseaux) provient en partie du fait que leur contenu narratif s'est déroulé sous deux signes évidents et puissants : celui de l'amour, pour reprendre le mot-clé de l'auteur dès la première ligne de l'avant-propos ci-après, et celui d'une grâce infinie, rarement ressentie lors de mes lectures personnelles. Cette grâce a littéralement transporté l'écriture sans relâcher le soin ayant permis de préserver tels quels jusqu'à nos pupitres ou nos bureaux d'aujourd'hui ces échanges familiaux splendides : elle le dispute à l'amour, son indissociable corollaire, nouant serrés les expéditeurs et destinataires des missives... Enfin, elle le surélève et imprime son pouvoir de fascination en nous, et de prégnance. Remarquable en effet, ce recueil de réponses, modulations et reprises.

Si la situation interne au récit est singulière comme les circonstances qui ont pu déclencher un aussi imprévisible déracinement familial pour mettre le cap vers un horizon encore inconnu, il s'impose à notre lecture de nous efforcer de comprendre, préalablement, à quel point pour chacune des cinq personnes s'apprêtant à le vivre au stade donné de l'expérience et de la perception qui caractérisent son âge et la place tenue dans le groupe, le dévoilement progressif de cette aventure familiale sera captivant, au sens strict, à quel point également la moindre de leurs rencontres sera frappée au sceau d'une surprise relevant du magique, ou de l'irréel...

Rien pourtant n'y est inventé, paradoxe entre tous puisque le strict confinement de l'auteur aux faits et paroles d'origine, vraiment inchangés, ne contrevient en rien à la magie de son texte. Elle réside encore dans le fait que le parcours de vie en question, fragmentaire puisque délimité dans un temps de trois années où nous sommes invités à nous joindre à une famille de pérégrins, évite généreusement toute retenue lacunaire : se limitant clairement aux dates portées sur sa première de couverture le récit, ajouré d'aucun vide qui eût sans doute rendu moins distinctement reconnaissables les éléments qui relèvent de la narration familiale et ceux, présents aussi mais dans l'arrière-plan, qui relèvent par contre de l'Histoire avec un « grand » h (du fait colonial d'alors). Être enchanté par la simplicité et l'humanité du récit n'empêchera pas le lecteur de ressentir partout la concomitance de la double (h/H)istoire : un certain nombre d'indices jalonne en effet les mots, (automatismes de langue alors y véhiculés simplement parce qu'ils sont dans l'air, sans traduire le moindre sentiment de supériorité de cette famille par rapport aux autochtones qu'ils découvrent avec ouverture d'esprit totale et invariable respect... De telles traces langagières ponctuant parfois le récit ou la description d'une situation particulière vécue par le couple et ses trois enfants sont bien sûr éclairants de la présence et du poids du colonialisme hexagonal résiduel de l'époque.

On s'immerge d'emblée dans l'amour sans limite (mais peu disert en surface, dans cette retenue formelle que désigne succinctement le terme de pudeur) de la part de chacun(e) de ses membres pour les quatre autres, dans l'infinie délicatesse qui préside à leurs rapports. Le premier du petit nombre de paradoxes du livre étant précisément que malgré l'aspect fragmentaire de ces quatre années sous la loupe, l'auteur retrace la totalité de son vécu d'enfant dans la période, sans oubli ni zone d'ombre discrètement esquivée, sans tabou d'aucune nature à propos du contexte comme du texte de leurs échanges quotidiens, et que nous restons dans l'enfance en le parcourant. Ô délice. Il ne sera, de fait, intervenu qu'a minima pour médiatiser les passages les rares fois qu'il l'aura jugé nécessaire au projet de nous rendre l'essentiel le plus clair possible. Cette dimension « minimale », pour ma part, m'aura comblé.

Henri-Louis Pallen.
Professeur de littérature - Ecrivain

A ma femme
A mon frère et ma sœur
A mes enfants et petits enfants

« Nul ne guérit de son enfance » J. Ferrat

Les acteurs

Cette histoire est une histoire vraie et commence par une histoire d'amour. Elle s'appuie sur des écrits, des centaines de lettres retrouvées dans un grenier, écrites principalement par ma mère et les photos sont mon père.

Nous sommes en 1941 à la Roche-sur-Yon, en Vendée, Ginette travaille comme sténo dactylo et standardiste au service du ravitaillement avec Geneviève. Jacques travaille dans un autre bâtiment de la même administration. Cette administration délivre les tickets de rationnement pour obtenir de la nourriture devenue rare du fait de l'occupation allemande.

Extrait du journal de Ginette :

Cette administration avait été créée pour assurer dans les meilleures conditions possibles et surtout répartir le ravitaillement indispensable à la survie des français, compte tenu du peu que nous laissaient nos occupants, les allemands.
Toute la journée devant mon standard, je regardais tomber, avec un grésillement métallique, des petits volets numérotés. Puis j'enfonçais dans des trous des fiches reliées à des câbles qui s'entrecroisaient. Que de fois n'ai-je pas eu l'envie folle d'ouvrir toutes les clés à la fois, mettant ainsi en correspondance tous les interlocuteurs à seule fin d'entendre l'invraisemblable cacophonie que cela aurait provoqué.

Seul un petit volet trouvait grâce à mes yeux, le n° 12. J'entendais alors une agréable voix masculine qui plaisantait et mettait un peu de soleil dans la grisaille d'un bureau très laid.

Nous communiquions pour les besoins du service. C'était un très beau garçon qui collectionnait (sans mal) les conquêtes, nous l'avions surnommé « la coqueluche », son prénom était Jacques.

Ginette n'est pas insensible à son charme mais c'est un rêve. Puis un jour le n° 12 appelle le standard, Ginette décroche et c'est Jacques qui est au téléphone et lui propose de la raccompagner le soir à la sortie du bureau. Le reste de la journée se passe sur un petit nuage teinté d'un peu d'angoisse. Le soir, la promenade se passe si bien qu'il y en aura d'autres et encore d'autres. Ginette est amoureuse, Jacques le devient et le 14 octobre 1943 ils s'épousaient à La Roche-sur-Yon. Jacques avouera bien plus tard que la standardiste qu'il avait invitée était en fait la collègue de Ginette mais ce soir-là il n'en a rien laissé paraître. Destin quand tu nous tiens ! C'est la guerre, la vie était difficile, Jacques était requis par les allemands et intégré à la fameuse organisation Todt, créée par Hitler pour construire le mur de l'Atlantique.

Ils habitaient une petite villa à la Tranche-sur-mer près du chantier mais les allemands décidèrent de la faire sauter car dans la ligne de tir de canons.

Puis les allemands organisèrent une rafle pour embarquer les jeunes français et les emmener travailler en Allemagne.

Jacques s'échappe et va passer quelque temps dans une ferme avec de faux papiers sous le nom de Marcel Pouzet puis se cachera chez ses beaux-parents.

En septembre 1944 les allemands quittent la région et Jacques réintègre le service du ravitaillement. Ginette s'occupe de Jean Pierre arrivé le 11 juillet. Puis il y aura Jean Michel, le 2 aout 1945 et Annie Claude le 21 novembre 1947. Et ce sera une suite de places mal rémunérées, un emploi à la sécurité sociale de la Roche sur Yon mais habitant Luçon à plusieurs dizaines de kilomètres, Jacques restait chez ses beaux-parents et ne rentrait que le Week end.
L'hôpital de Fontenay-le-Comte proposait un emploi administratif, c'est le déménagement pour habiter sur place. Un petit logement dont la porte donnait directement sur la rue.

Une pièce cuisine, une toute petite pièce à côté, pompeusement nommée « salle à manger » ; au premier étage une grande pièce qui sera la chambre de tout le monde et dans la cave, des toilettes avec de gros rats qui couraient le long des murs. Au bout de deux ans la situation ne s'améliorant pas, la décision de quitter la France s'impose. L'administration des douanes recrutait cinq postes pour l'AOF (Afrique Occidentale Française), Jacques passe le concours et est reçu troisième. Début novembre une lettre administrative arrive comme un ordre de mission : embarquement le 5 novembre 1952 à Marseille sur le paquebot le « Lyautey ». Ginette rêve, Jacques est heureux. Les jours qui suivront seront remplis d'interrogations, comment s'équiper ? Qu'emmener et comment ? Qui va faire les vaccins ? car il faut se protéger de ces terribles maladies qui pullulent dans les colonies ? Ce sera à Bordeaux à l'hôpital militaire, premier grand voyage de la famille qui ne connaissait que l'autocar ou le train régional en 3eme classe dans ces wagons aux compartiments en bois ou l'on rentrait directement.

Le certificat de vaccination en main, c'est le retour à Fontenay-le-Comte et la préparation des caisses, il fallait emporter la vaisselle, le linge de maison, les vêtements etc.... et des valises. Deuxième grand déplacement dont j'avoue n'avoir aucun souvenir. Le mémoire me reviendra à Marseille à l'hôtel Colbert en face de la poste qui est toujours au même endroit d'ailleurs.

Le voyage

Journal de Ginette :

C'est de Marseille que j'ai reçu cette première bouffée d'air du voyage. Dans cette grande ville se côtoient les races les plus variées ! Les avenues ont une circulation si intense que les traverser représente un véritable exploit ! Marseille, ce sont de vieux quartiers aux rues si étroites que le soleil a du mal à y pénétrer, mais c'est aussi la Canebière, large avenue montant du vieux port vers la ville et plus haut dominant la rade, Notre Dame de la Garde. Enfin le vieux port qui rajeunit actuellement car les immeubles modernes en construction remplacent peu à peu les maisons un peu lépreuses détruites pendant la guerre. Les barques sont rangées le long du quai, les pêcheurs vendent « avé l'assent » pour faire une bouillabaisse, du poisson argenté qui frétille encore. Des bateaux promenades emmènent les visiteurs découvrir la côte et le château d'If pour des prix variant de 150 à 300 Frs.

Et puis c'est le jour du départ. Un taxi nous emmène au quai d'embarquement où un porteur s'empare de nos valises et sacs. Nous le suivons. Dans le hall il faut passer différents contrôles, vaccination, attribution des cabines et enfin, nous voilà sur ce paquebot, un autre monde commence. Le Lyautey est le bateau amiral de la compagnie Paquet.
Il vient d'être mis en service et outre le voyage inaugural, c'est son premier voyage commercial. Il met

une journée de moins que les autres paquebots et fait la ligne Marseille Dakar en cinq jours avec une escale. Voilà la cabine, étroite et presque sur la ligne de flottaison. Mon père, jeune fonctionnaire, n'est pas encore titularisé et nous voyageons en troisième classe. Il y a trois classes sur le bateau, première, seconde et troisième surnommée à bord seconde B car nous partageons avec les secondes le restaurant, le bar, les salons et les ponts. Le temps de mettre les bagages dans la cabine et nous remontons sur le pont pour ne pas manquer le départ. Il fait froid.

Et puis des haut-parleurs annoncent le départ et demandent aux visiteurs de quitter le bord.

On s'embrasse plus tendrement que d'habitude, on se sert la main plus fort que d'habitude, on se fait des promesses de vite donner de ses nouvelles, un dernier regard vers la sortie et nous voilà dans un autre univers.

La passerelle est enlevée et lentement le quai se sépare du navire. Deux remorqueurs tirent le bateau et le mettent en direction de la sortie du port et le voyage commence. Les bassins défilent devant nous. Nous voici sortis du port. Marseille est toute ruisselante de soleil entre ses collines qui l'enserrent et tombent dans la mer bleue. En face, dominant la ville, Notre dame de la Garde semble veiller sur ceux qui restent et sur ceux qui partent. Notre aventure commence.

Maman journal :

Dans l'atmosphère fiévreuse des grands départs les uns se hâtent, graves presque tristes, les autres heureux en pensant aux nouveaux horizons qu'ils vont découvrir. Je crois faire partie des deux catégories ! Heureuse, Ah oui ! je le suis, moi qui suis une curieuse née, avide de nouveauté, de découvertes, d'études passionnantes à faire. Près de moi Jacques et nos 3 enfants, je dois avoir ce sourire un peu lointain de ceux qui sont déjà partis...Triste ?

Eh oui car je laisse sur la terre de France ceux qui me sont chers et dont chaque minute maintenant va me séparer un peu plus. Ma pensée bien sûr ne va pas les quitter tout au long du voyage. Deux coups brefs de sirène, les bras se tendent, des mains s'agitent, des baisers volent dans le vent....

Et le voyage s'installe. D'abord, c'est le premier repas. Nous n'avions jamais été au restaurant et nous voilà dans une salle à manger magnifique toute en boiserie. Un menu est sur chaque assiette et des garçons tournent autour des tables, à notre service. Le repas est copieux et bon ; toute la famille s'installe dans ce rêve pour de vrai !

Le repas terminé, mes parents vont vite louer des transats pour toute la traversée.

Il n'y en aurait pas pour tout le monde parait-il. La deuxième nuit sera terrible avec une tempête qui va rendre tout le monde malade. La salle à manger du petit déjeuner est plutôt déserte. Les estomacs de nouveau en place, c'est la découverte de ce bateau.

Je suis émerveillé par le paysage, la mer, le sillage, les mouettes mais aussi par ce cinéma qui est gratuit ! Avec mon frère nous en profiterons souvent.

Pour ceux qui ont fait des croisières, ce qui est assez banal maintenant, décrire ce voyage ressemble à ce qu'ils ont connu avec des bâtiments bien plus grands

certes et plus luxueux, mais pour une famille vendéenne dont l'horizon ne dépassait pas le département, chaque moment est magique. Le premier contact avec l'Afrique se fera à Casablanca.
Maman avait projeté une journée de découverte, mais hélas, il pleuvait à plein temps ! Cette escale est importante car ce seront les premières lettres que nous expédierons à la famille.

A bord du Lyautey (1ére lettre qui sera postée à l'escale de Casablanca)

Samedi 17h35

Nous sommes dans le fumoir-bar, fauteuils de cuir vert ou beige, tables en marqueterie claire, canapés marron crème et vert (rayé), éclairage indirect, tapis vert, murs de boiseries vernies claires avec des fenêtres donnant sur le pont. La TSF marche, les dames lisent, tricotent et les messieurs fument, jouent aux dames ou au bridge. Les enfants jouent sur le tapis. Jean Pierre regarde les joueurs de dames. Nous déjeunons à 10 h 45, heure de Casa et dînons à 17h45 car il y a un deuxième service pour les secondes. La salle à manger est splendide, table vernie claire, fauteuil en cuir rouge, une vraie salle à manger de palace !
  Le repas est copieux : entrée, salade de betteraves avec piments-pommes de terre, mortadelle, choux fleur sauce blanche, foie et purée de pommes de terre, banane, café, pain et vin évidemment !

Dimanche 12h30

Mon dieu quelle nuit ! Nous avons passé le golfe de Valence et le bateau roulait tellement que 60% des passagers étaient malades. Quel mal au cœur ! Il a fait une chaleur affreuse dans la cabine toute la nuit. Les machines font un bruit infernal et les trépidations vous secouent d'un tremblement continu. La couchette semble monter et descendre sans arrêt, d'abord la tête (on glisse un peu au pied du lit) ensuite d'un mouvement rapide de va et vient ce sont les pieds qui remontent !

Il est difficile de décrire avec des mots la beauté de ce voyage.

La mer bleu marine, les montagnes violettes, les villages tout blancs et le sillage d'écume turquoise que laisse le paquebot, un ciel tout bleu et à l'arrière du bateau un vol incessant de mouettes.

Ce soir si le temps le permet nous monterons sur le pont voire le passage du détroit de Gibraltar. Ne vous tracassez pas pour les enfants, à l'intérieur du navire ils ne risquent rien, on se croirait davantage dans un palace que sur un paquebot. Les balustrades sont hautes.

Excusez mon écriture, mais il y a du roulis qui m'entraîne de droite à gauche et m'empêche d'écrire normalement. Tous les cinq nous pensons à vous et nous vous embrassons affectueusement.

L'escale de Casa sera plus courte que prévue à cause du temps et nous remonterons à bord avec des oranges achetées 50 frs le kilo. Dernière journée de bateau avant l'arrivée à Dakar. Il fait un temps splendide et la chaleur africaine nous enveloppe enfin.

 Maman sort les vêtements d'été et les ponts sont envahis de passagers se dorant au soleil. Les casques coloniaux sont sortis, à cette époque le soleil est craint ! Des amitiés se sont créées et l'on s'échange les adresses pour s'écrire ou se revoir. Mes parents repartiront avec l'adresse d'une dame et sa petite fille de trois ans venus rejoindre son mari à Dakar ; 66 ans après cette petite fille, Catherine reste ma meilleure amie !

Devant le navire les poissons volants nous précédent ainsi que quelques dauphins qui jouent avec l'étrave du bateau, des requins marteaux longent lentement la coque ou bien une grosse tortue fait surface. Le lendemain matin de bonne heure la côte apparaît à l'horizon, le voyage se termine. Deux collines se dessinent : ce sont « les montagnes » du Sénégal appelées Les Mamelles. Des pirogues avec leur voile carrée glissent sur l'eau. Puis, c'est l'île de Gorée que nous contournons et Dakar s'offre à nous dans la lumière du matin. Difficile de décrire la cohue d'une arrivée où tout se bouscule, s'apostrophe, s'angoisse, dans un univers totalement inconnu. Un douanier est là pour nous accueille et nous emmène dans un appartement de transit où nous resterons six jours.

Maman (journal personnel) :

Ce voyage est une escale dans la vie. On a laissé à terre les soucis et les préoccupations quotidiennes/ Là, entre ciel et l'eau sur le bateau qui nous emporte, je ne résiste pas à la tentation de me laisser griser par la beauté du voyage, sans

plus penser à rien qu'à regarder de tous mes yeux et à les fermer ensuite pour bien garder, comme un trésor, ce qui sera pendant longtemps un si beau souvenir.
Pendant ces six jours nous découvrirons la capitale de l'AOF (Afrique Occidentale Française).

Maman (journal) :

Dakar ville de contraste, de grands buildings blancs écrasent de leur masse les anciennes maisons basses. Des voitures neuves, en majorité des 203 passent. Aux terrasses des cafés des blancs se reposent et se rafraîchissent devant une consommation glacée qui embue les verres.
Puis, la Médina, le quartier indigène tout proche où grouillent des centaines de noirs dans une saleté et une promiscuité impossible à concevoir. Ce qui me frappe chez les noirs, outre leurs costumes faits de tissus bariolés, enroulés autour d'eux, c'est la démarche de reine des femmes.
Cette coutume de porter les fardeaux sur la tête leur donne un port de déesses qu'envie sûrement chaque blanche qu'elles croisent. Balançant les hanches, elles passent, s'éloignent en mâchant des bâtonnets destinés à blanchir leurs dents.
  Le lendemain, toujours curieux, nous sommes allés voir le marché indigène* où des montagnes de bananes et d'oranges tiédissent au soleil. « Ti veux des bananes, madame, combien ti donne ? », « des zoranges pas chères ». Tous les marchands appellent, crient, des cars déversent des flots de

noirs qui se bousculent et rient comme des enfants.
Cette insouciante gaîté me surprend chez ces hommes et ces femmes qui semblent vivre une perpétuelle fête !

Et puis papa arrive en fin de matinée de la direction des douanes et nous annonce notre destination finale : ce sera Cotonou au Dahomey et nouvelle incroyable, nous allons prendre l'avion ! Alors là c'est une joie immense pour la famille.
Prendre l'avion, même en rêve nous n'avions imaginé nous déplacer ainsi ! Pour moi ceux qui voyageaient en avion c'était les vedettes de cinéma. J'avais en tête les pages de Paris Match que recevait ma grand-mère où l'on voyait les stars sur la passerelle d'un Constellation en partance pour New York. J'allais être une de ces vedettes. Maman profite d'une dernière promenade en ville pour acheter une carte du Dahomey. Nous allons faire à peu près autant de distance que ce que nous venons de parcourir en bateau, mais en deux jours ! C'est au petit matin que nous décollerons de l'aéroport de Yoff dans un DC4 d'Air France pour une première escale, Abidjan avec un arrêt à Conakry.

Maman (journal) :

Bagages chargés, plein d'essence fait, passerelle mise nous montons enfin et nous installons aux places désignées, confortables, fauteuils inclinables. Par les hublots nous assistons aux derniers préparatifs et bientôt l'hélice tourne, le

moteur rugit puis les trois autres sont en marche, nous roulons sur la piste.
L'avion reste en bout de piste un long moment pour faire « le point fixe ».
Je tourne un instant la tête vers la cabine, je regarde à nouveau par la petite fenêtre ronde, nous avions décollé sans que je m'en aperçoive. Aucun heurt, aucune sensation ne me l'a révélé et déjà nous prenons de la hauteur. Les arbres et les maisons diminuent jusqu'à devenir des jouets d'enfants.

Première escale Conakry, relativement courte avec un jus de fruit dans l'aérogare et une douche d'insecticide à l'odeur infecte, dans la cabine avant de décoller. La deuxième partie du voyage sera plus mouvementée avec du mauvais temps et une sensation d'être dans un ascenseur mal réglé, maman n'aime pas du tout cela.

Moi j'en prends plein les yeux et n'arrête pas de me déplacer pour regarder d'un hublot à l'autre de chaque côté ce qui dérange certains passagers, il faut dire que mon frère m'avait assuré qu'il avait vu des éléphants ! et cela agace mon père, Celui-ci, sévère, me prend à part et me demande de rester à ma place car me dit-il « chaque fois que tu te déplaces tu déséquilibres l'avion ». Cela a suffi pour me calmer. Abidjan arrive et nous allons passer une nuit à l'hôtel du Parc. Le lendemain nouvel avion pour notre dernier déplacement, c'est un DC3 plus modeste et moins confortable.
Une escale à Accra en Gold Coast où un petit déjeuner nous est servi et de nouveau dans l'avion une double ration de désinfectant nous est offerte ce qui nous fait

pleurer et éternuer. Il fait très chaud dans l'avion. Nouvelle escale à Lomé au Togo et une demi-heure après voilà enfin Cotonou ! Le DC3 se pose sur une courte piste rouge de latérite et une camionnette d'Air France nous dépose « en ville » sur le bord de la mer devant une villa carrée avec un étage, entourée d'un immense jardin planté de filaos, cocotiers et badamiers. Nous sommes accueillis par le directeur de la douane qui loge au-dessus. Ce sera notre maison, nous occuperons le rez-de-chaussée.

Cotonou, Dahomey

Maman (journal) :

L'installation sera difficile car nos caisses voyagent par cargo, le « Saint Mathieu », et si tout vas bien il arrivera dans un mois ! Que de problèmes d'autant plus qu'il n'y a pas de magasin ici, ce sont des comptoirs coloniaux qui vendent en principe de tout mais manquent de produits de première nécessité et dont nous aurions bien besoins. Pas de draps, pas de balais, de chiffons et la maison est pleine de poussière. Pas de casseroles, d'assiettes, de couverts, de réchaud. Tout ceci se trouve dans nos cantines et elles voguent sur l'Atlantique sur le…Saint Mathieu. Nous allons faire des courses au marché lagune, le marché de Cotonou où l'on y trouve de tout en vrac.

Nous finirons par trouver quelques assiettes dépareillées avec des noms d'hôtel ou de restaurants derrière puis quatre timbales en émail, deux casseroles un peu cabossées et une vielle poêle ainsi que des couverts dépareillés. Dans un comptoir j'ai fini par trouver de la percale blanche en 90 de long destiné à emballer les matelas fait de crin.

Ici on fait la cuisine au feu de bois dans une vieille cuisinière. Le boy pousse de longues bûches au fur et à mesure qu'elles brûlent !

Nous n'avons pas de moyen de transport pour aller chercher du bois que vendent les Eaux et Forêts et devons faire apporter de maigres fagots qui nous coûtent 50 frs CFA. La question balai a été résolue en achetant un balai local fait de feuilles de cocotiers liées entre elles.

A peine arrivés nous avons été assaillis par des noirs se proposant comme boy cuisinier ou boy blanchisseur.

Nous en avons choisi un sur sa bonne mine et nous nous en félicitons ! Il fait le ménage, le marché, la cuisine et se débrouille très bien avec les moyens du bord.

Il arrive le matin dès 7 heures jusqu'à 13 heures, revient à 17 heures et part le soir à 20 heures ou parfois plus tard. Il n'est ni nourri, ni couché. Il paraît que nous sommes bien tombés car la plupart boivent (l'alcool fait d'énormes ravages dans ce pays et d'autres sont malhonnêtes ou fainéants).

Notre voisine du premier étage nous a procuré un bon blanchisseur. Il lave le linge et le lendemain vient le repasser avec un gros fer à charbon de bois qui lui est personnel !

Mais le gros problème est celui du frigidaire. C'est indispensable ici au même titre que les moustiquaires. Mais si ces dernières sont fournies par l'administration comme le mobilier, il n'en est pas de même pour le frigo !

Pourtant rien ne se conserve plus de quelques heures et le beurre (très cher ici) est une flaque d'huile en quelques minutes. En attendant on prépare uniquement les quantités pour un seul repas. Il nous faut prévoir cette dépense rapidement, on en trouve d'occasion lorsque les gens rentrent en France mais il faut compter au minimum 60000 frs CFA, soit l'équivalent de 2 mois de traitement. Ce sont des réfrigérateurs au pétrole car nous n'avons le courant que quelques heures par jour. En brousse il n'y a pas d'électricité.

Lettre de Maman

Cotonou le 5 décembre 1952

Ma chère maman

Il y a un départ demain aussi dès aujourd'hui je fais cette lettre pour ne pas manquer le départ du courrier. Je suis assise dans la salle à manger et les enfants font leurs devoirs. Tous les matins je les fais travailler car ils n'ont pu commencer à aller à l'école. Pas de matériel scolaire, pas de shorts de rechange rien que des culottes de laine pas très adaptées au climat. Impossible aussi de trouver un fer à repasser et les caisses qui n'arrivent pas, difficile de vivre avec si peu de choses ! Je vais aller voir la demoiselle qui donne des cours, car il n'est pas question de les mettre à l'école laïque, il n'y a que quelques blancs et les noirs sont très en retard ce qui freine automatiquement les blancs qui y sont.
Ce sera une année complètement perdue aussi nous préférons faire le sacrifice de 2000 frs pour chacun et savoir qu'ils travaillent......
Question température il fait archi-chaud et ce matin il n'y a pas d'air. Le soleil tape et vraiment on n'est loin d'être courageux. Heureusement que Jacques ne travaille pas cet après-midi. Autrement nous faisons la sieste de 1 à 2 heures et les enfants 3 heures.
Nous mangeons du riz, des haricots secs du pays qui sont minuscules et ont un goût spécial mais pas mauvais.

Il y a très peu de légumes (tomates ou salades) les pommes de terre sont rares et chères elles valent 35 frs le kilo. J'ai enfin eu aujourd'hui un litre de vinaigre et l'ai payé 140 frs.
C'est du vinaigre de vin. Jusqu'ici on mangeait la salade avec du jus de citron, c'est bon et Jacques en rapporte du jardin de la douane tous les jours. Ce matin quand le boy est arrivé il a trouvé une noix de coco tombée dans le jardin, il nous l'a ouverte et nous en avons goûté. La chair est bonne et a un goût d'amande. Le lait est parait-il rafraîchissant, c'est fade et m'a un peu barbouillé l'estomac. Jean Pierre a trouvé cela délicieux. Nous avons acheté des mangues pour goûter, personne n'a aimé. Nous leur avons trouvé un goût d'essence de térébenthine !
Nous avons aussi mangé des papayes dans une salade de fruits ça se laisse manger, c'est un peu comme de la citrouille. Jusque-là ce sont encore les ananas qui sont les meilleurs et les bananes, nous en achetons souvent. Il y a très peu de poisson ici quoique nous soyons au bord de la mer. Les pêcheurs noirs pêchent dans la lagune où l'eau est sale, du poisson que seuls les indigènes mangent. Ils le font cuire et les femmes le mettent dans de grands plateaux ronds et se promènent avec ce plateau en équilibre sur la tête pour vendre cette pêche ou ce que les mouches laissent....
Nous penserons bien à vous pour les fêtes de Noël car ici nous ne connaissons personne et ce ne sera pas très gai.
Allez, j'arrête mon bavardage et vais faire une dictée aux garçons. Affectueux baisers.

Lettres de papa

Lundi 11h décembre 1952

Ce matin nous avons été gâtés puisque le planton de la douane qui va à la poste chercher le courrier, vient de nous apporter ta lettre du 17. Je n'ai pas encore pris mon travail car il y a beaucoup à faire à la maison et nous sommes loin d'être installés. Nos caisses nous manquent bien et nous restons camper tant que nous n'aurons pas nos affaires....
Je ne vais pas avoir beaucoup de travail à faire au bureau, mon chef de bureau a commencé par me dire que je prenne mon temps pour m'installer car il n'a rien à me donner à faire. Les heures de service sont assez inhabituelles, de
7h du matin à 12h et de 14h à 17 h, mais le matin ce n'est pas la peine d'arriver avant 7h30. Notre boy a pris son service ce matin, il a l'air pas mal mais d'après ce que l'on nous a dit il ne fait se fier à aucun indigène, ils sont menteurs, voleurs etc... et il faut tout mettre sous clef.
Le nôtre a de bons certificats mais c'est à l'usage que l'on pourra se rendre compte. La main-d'œuvre ne manque pas et nous avons été assaillis par les demandes de boys, cuisiniers, laveurs de linge etc...
Question école c'est aussi très compliqué. L'école laïque est loin et il y a un ou deux enfants blancs sur la totalité des élèves noirs, les autres enfants blancs vont chez les Pères (pour les garçons) et chez les sœurs pour les filles. Il y a une vieille demoiselle qui a ouvert une école privée payante

mais il faut payer 2000 frs par élève et par mois. Mais c'est ce que nous allons faire car je ne veux pas qu'ils soient isolés parmi les noirs. Samedi soir nous sommes allés au cinéma en plein air. Les noirs dans une partie spéciale en avant et les blancs en arrière dans des fauteuils de toile..... Je vais clore cette lettre, Ginette vas rajouter un mot... Baisers affectueux pour toi et papa, soigne-toi bien et tache de ne pas prendre froid.

Mes parents se débrouillent plutôt bien et commencent à s'organiser. La question du frigo va se résoudre provisoirement avec les collègues de la douane. Les logements des administrations sont regroupés sur de grands terrains que l'on appelle des « concessions ». La concession de la douane comprend trois grandes maisons pas très éloignées les unes des autres. Mes premiers copains seront les enfants de collègues à mon père, nous avions tous à peu près le même âge.
Donc les quelques denrées périssables qui nous restent seront confiées aux frigidaires des voisins ou amis et notre boy fera le tour des maisons concernées pour récupérer ce dont il aura besoin. Ce sera aussi l'occasion de créer des liens. Une autre question se posait c'était d'avoir des nouvelles « fraiches » de la France. Les journaux arrivant par bateaux avaient un mois de retard et « radio Cotonou » donnait des nouvelles locales. Il y avait radio Dakar que l'on pouvait capter mais là aussi il y avait du décalage avec l'actualité de la métropole. Néanmoins j'ai le souvenir d'une émission que mon père écoutait régulièrement « le grenier de Montmartre » une émission de chansonniers. Papa passionné de radio va vite acheter

un poste à piles et secteur de marque PYE. Une grande antenne qui se dépliait, des boutons pour les ondes courtes, mon père penché vers le haut-parleur cherchait la France.

C'est Radio Monte Carlo qui passait le mieux et sera notre relais avec la métropole.

Cotonou le 10 décembre 1952

Ma chère maman

Je vais répondre tout de suite à vos questions en particulier sur notre santé. Nous allons bien tous les cinq malgré une chaleur torride qui jusque-là nous a un peu diminué l'appétit.
Nous consommons beaucoup de fruits du pays, des ananas en particulier et mangeons beaucoup de salades, radis, tomates crues pour compenser la consommation obligatoire de conserves.
Annie Claude a des boutons plein le corps et le visage, occasionnés par la transpiration.
C'est une maladie de peau très fréquente ici, malgré les douches biquotidiennes et il n'y a pas grand-chose à faire. Ici on appelle cela la bourbouille. Ça ne démange pas mais ce n'est pas joli ! Enfin nos caisses arriveront dimanche prochain avec ce pauvre « Saint Mathieu ». Quel campement en attendant, je n'aurai jamais tant invoqué saint Mathieu. Jacques est libre à partir de 17 heures et nous allons faire une promenade dans Cotonou. C'est l'heure délicieuse où il fait bon dehors, on admire des couchers de soleil splendides et nous rentrons vers 18h alors que la nuit tombe, mauve sur les cocotiers, grands

éventails noirs que le vent de la mer balance. Cela détend Jacques.

Pour son traitement il va toucher dans les 32000 frs CFA. C'est énorme converti en francs français mais les prix sont le double des prix français. Ici nous marchons à l'heure de Casablanca, c'est à dire avec une heure de retard sur la France ou heure solaire. J'ai dû vous dire qu'il y avait ici comme viande du buffle assez coriace et du porc qui est noir.

Vos trois trésors jouent dans le jardin jusqu'à 9h 30 le matin et à partir de 16h ; mais entre-temps pas question, il fait trop chaud.

Une dernière question à laquelle je réponds : non il n'y a pas de dattes ici, malheureusement.

Pouvez-vous m'envoyer le n° de « Elle Noël » par bateau (l'avion est trop cher). Il n'y a rien ici et je serais contente de savoir de temps en temps ce qui se passe en France.

Un paquebot part de France le 26, si vous le faites parvenir à Bordeaux avant je l'aurai quand il touchera Cotonou.

La saison chaude se termine, elle est soi-disant sèche mais s'il ne pleut pas l'humidité de l'air persiste et les moustiquaires sont tous les matins couvertes de gouttes d'eau. L'autre saison chaude est plus désagréable car très humide en permanence.

Je vous envoie d'affectueux baisers, embrassez bien papa.

Le jardin est immense et devant nous l'océan avec ses bateaux en rade, il y en a toujours beaucoup. Il n'y a pas de port, une barre de vagues énormes empêche toute construction portuaire. Donc on a construit un « wharf », il est légèrement à gauche de la maison. C'est une très grande digue en acier qui avance dans la mer au-delà des vagues.

Dessus il y a deux voies ferrées. Au bout, quatre ou cinq grues à vapeur. Une locomotive toujours à vapeur traîne des wagons chargés de marchandises jusqu'aux grues qui les enlèvent pour les descendre dans de grandes barques amarrées au pied de la digue. Une fois le chargement terminé un remorqueur emporte son train de barques vers le navire en rade plus loin.

Accolées le long de la coque les embarcations attendent que les grues du navire les déchargent et le remorqueur les ramène, ainsi de suite. Même circuit pour recevoir des marchandises mais dans l'autre sens.

Lettres de Maman

Cotonou le 20 décembre 1952

Ma chère Maman,

Merci tout d'abord pour votre lettre que nous avons dévorée à plusieurs reprises. Comme il y a un courrier demain je réponds cette après-midi et vous aurez des nouvelles avant Noël.
Vous nous dites que vous avez 0° tandis que nous avons 38° à l'ombre et nous préparons Noël et vous aussi. Les commandes pour mes trois as sont passées et je pense pouvoir les satisfaire malgré le peu de choix que nous avons. Jean Pierre aura une pelleteuse mécanique et un livre, Jean Michel un transporteur de colis comme dans les gares qui marche avec une clé et lui aussi un livre, Annie Claude une poupée habillée en chaperon rouge. Nous avons reçu ce matin une invitation pour aller à l'arbre de Noël au temple mardi soir à 18h. Cette nuit nous avons eu une tornade, des cocotiers sont tombés en ville, des fils électriques coupés et la salle à manger remplie d'aiguilles de filao. Jean Pierre n'était pas rassuré a-t-il avoué ce matin mais cette nuit il n'a rien dit, Jean Michel n'a rien entendu !
Je n'ai pas encore de réponse pour la place que j'ai en vue. Il est vrai que c'est un service administratif qui se crée et le bâtiment n'est pas tout à fait terminé.
Je voudrais bien travailler vite car mon frigidaire en dépend. Merci pour les journaux envoyés et le catalogue de Manufrance qui nous rendra

service. Non Jacques n'a pas d'uniforme. Il est en short kaki et en chemisette blanche ou crème.
Par-dessus le tout le port du casque est obligatoire.
Les petits noirs sont en majorité adorables, on les croquerait. Ils ont des yeux noirs splendides et un joli sourire. Je ne comprends pas pourquoi ils sont si laids en grandissant. Voilà quelles sont à peu près les nouvelles pour aujourd'hui, nous commençons à nous habituer à la chaleur sauf la nuit car c'est étouffant sous les moustiquaires. Encore plein de bisous de soleil.

Dans cette lettre maman parle de l'invitation de la paroisse pour les fêtes de Noël. Ce seront les premiers contacts hors profession que feront mes parents. Protestants, tout naturellement ils vont rencontrer le pasteur puis les membres de la paroisse. Le directeur de l'école protestante deviendra un ami et prêtera à mon père, durant une partie du séjour, la voiture de service de l'école, une camionnette 203 bâchée qui nous fera découvrir tout le sud du Dahomey. Papa deviendra le secrétaire du conseil presbytéral et maman fera l'école du dimanche aux petits protestants dont nous. Et puis il y a le « cercle ». C'est un club réservé aux européens. Il faut être parrainé pour y entrer. La cotisation était trop chère pour mes parents, ils n'iront qu'invités par des amis membres.

Cotonou le 24 décembre 1952

Ma chère maman,

Jacques vient de partir au bureau et je profite de la relative tranquillité que me procure la sieste des enfants qui sont en vacances depuis hier pour vous écrire cette lettre. Demain jour de Noël elle s'envolera vers la France. La fenêtre est ouverte et devant moi le paquebot « Foucault » qui est arrivé à midi et repart ce soir et enfin le « Saint Mathieu » ! Enfin nos caisses sont en train d'être déchargées et vont nous être remises vendredi.
Ce soir arrive le « Leclerc », il y a une messe de minuit à bord, les gens bien d'ici y vont et reviennent, paraît-il ivre dans les barques qui les ramènent à terre. Nous sommes allés à l'arbre de Noël de la paroisse, hier soir, il faisait une chaleur étouffante à en être malade.
C'était très émouvant car il y a une quantité d'enfants. Des chœurs, des cantiques, des chants mimés, des scènes de la bible.
Les noirs chantent bien avec leur voix très fortes. La fille du pasteur indigène représentait la vierge Marie vêtue d'une robe blanche et d'un bonnet bleu. Un véritable petit ange tout noir, dans une longue chemise de nuit blanche avait une couronne de guirlande d'arbre de Noël posée sur ses cheveux crépus. A l'issue de la cérémonie le directeur de l'école à distribué des oranges et des bananes aux petits noirs.
Nous étions avec les Georges, un couple très sympathique. Le monsieur est le chef des télécommunications et elle, travaille à la poste. Ils

habitent tout près de chez nous. Figurez-vous qu'ils sont de Toulon et qu'ils connaissent très bien grand père Barral avec qui ils sont amis ! Auparavant ils étaient à Saïgon. Avez-vous reçu le colis d'ananas ? Combien y en avait-il ? Car c'est l'UAT qui s'est occupé du colis. Nous payons et ils s'occupaient de l'envoie. Jacques emmène les enfants au cinéma à 18 heures voir un film sur les portes avions dans le Pacifique. C'est une séance enfantine et cela ne coûte que 20 frs au lieu de 90frs pour les séances ordinaires. Ce matin le jardinier nous a coupé une belle branche de filao pour faire un « sapin » de Noël mais nous aurons du retard car toutes les décorations sont dans les caisses. Je ne vais pas vous faire une longue lettre car ici ce sont les vacances, toute mon équipe qui se lève est tellement dissipée qu'il n'y a plus moyen d'écrire. Ah ! la chaleur ne les endort pas, Ils sont aussi remuants qu'en France. Après ils iront dehors jouer, cela fera moins de bruit car ils chahutent et se chamaillent sans arrêt.
Bon Noël et affectueux baisers.

Ce premier Noël va laisser des traces. Un filao comme sapin, des guirlandes dehors, maman avait mis un peu de coton pour faire de la neige. Les souliers étaient mis dans la maison sinon nous n'aurions rien retrouvé au matin. Et puis les cadeaux du père Noël, comme partout mais avec 38° à l'ombre. Des noëls comme celui-là, il y en aura d'autres, beaucoup et cela deviendra la norme au point qu'encore maintenant j'ai la nostalgie de mes Noël africains qui sont ceux de mon enfance.

Cotonou le 31 décembre

Ma chère maman,

Ma dernière lettre de l'année car nous avons enfin reçu nos caisses hier soir et je suis en plein déballage. Avec quelle joie je remplis mon armoire à linge ! Que nous avons tous bien dormis dans des lits avec des draps.
Le thermomètre retrouvé m'indique que dans la salle à manger, la pièce la plus fraîche, il y a 30°. Nous avons au moins une caisse de lainage et vêtements chauds que nous allons vous réexpédier car tout ici, sans servir, seraient moisi, mangé par les mites et les cancrelats.
Ce soir nous allons prendre l'apéritif chez les Georges....
A midi nous avons mangé des soles délicieuses, un plat copieux pour 80 frs, c'est un boy modèle qui m'a apporté cela.
 Nous avions donc de la salade, soles frites, pommes de terre, bananes et mandarines. Tout le monde va bien et prend chaque jour de la quinine au repas de midi.
Je vous écrirai plus longuement lorsque je serai installée. Petits et grands vous embrassent affectueusement.

Lettres de papa

Cotonou samedi 15 heures

Chers vous tous,

C'est à mon tour de répondre à la longue lettre de maman. Quel plaisir ! Nous avons passé un premier janvier bien calme. Ce matin à 12 h nous avons été tous les cinq, présenter nos vœux à mon chef de service, qui n'était pas là mais nous avons été reçus par sa femme, résultat : apéritif. Vers 16 heures, le soir nous sommes allés chez un jeune ménage vendéen, de la Gaubretière, dont le mari est caissier à la BNCI et qui est arrivé depuis cinq mois. Nous avons parlé de la Vendée évidemment tout en buvant un deuxième apéritif.
Enfin vers 18h revisite chez Mr Heraud qui est garagiste ici.
Nous avons parlé de la Charente Maritime, de Mechers. Cela fait bien des souvenirs communs à évoquer autour d'un troisième apéritif.
Tant et si bien que nous étions Ginette et moi complètement paf. Enfin il n'y a qu'un premier janvier ! Depuis deux ou trois jours le temps est un peu moins chaud, le vent souffle de la mer et les journées sont plus supportables.
La nuit est fraîche et aussi nous dormons mieux.
Je réponds à ta question : Papy (c'est Jean Pierre) a seul des socquettes sur la photo parce que ce jour-là il avait mal aux pieds… Il faut porter le casque, le casque ou le chapeau, de 8h du matin à 17h du soir, après le soleil est trop bas pour faire

du mal. Mon bureau est toujours à la poste, il y a beaucoup de travail avec les bateaux qui arrivent. Le « Général Leclerc » vient mardi puis va à Douala et remonte ensuite sur Bordeaux. Tous ces bateaux mouillent devant chez nous et nous profitons de leur vue et de tout le trafic. Le soir c'est magnifique, ils sont tous éclairés.
Nous avons découvert un poisson, le capitaine, sorte de brochet des mers meilleur que le merlu.
Je vous embrasse tous affectueusement.

Cotonou le 7 janvier

Ma chère maman,

Le courrier semble reprendre, ces grèves sont assommantes et bêtes et la pauvre France n'augmente pas on prestige. Nos amis Georges partent le 4 février sue le « Banfora », ils souhaiteraient prolonger leur séjour mais en vain ? Ils iront peut-être vous voir car ils doivent passer par l'île d'Oléron. Le matin nous sommes un peu endormis avec la nouvelle heure, il faut se lever une heure plus tôt et les enfants ont besoin de repos. Je n'aurai pas beaucoup de temps ce matin pour vous écrire car j'ai un gros travail de comptabilité au bureau.
Je vous embrasse bien affectueusement

MAMAN (le 5 janvier elle fête ses trente ans, papa lui a offert un stylo Parker 51 qui écrira toutes les lettres qui suivent))

Cotonou le 7 janvier 1953 (extrait)

Ma chère maman,

......Merci pour votre offre de légumes secs mais ici on a des haricots et des lentilles et ce n'est pas cher.
Par contre si vous avez des noix nous sommes preneurs, vous connaissez la passion de Jean Pierre qui les préfère aux bonbons. L'huile d'arachide ordinaire coûte 135 frs le litre et il n'y a pas d'huile Lesieur mais, pour la cuisine je prends de l'huile d'olives.
Le beurre est à 150 à 170 frs les 250 grs. Dimanche nous avons mangé une pintade (290 frs) elle était bonne mais dure.
Il y a huit cargos devant chez nous. Le « Leclerc » passe aujourd'hui, il remonte sur Bordeaux et le « Brazza » arrive après demain. Heureusement car il n'y a plus rien dans les boutiques.

Petit mot de papa en bas de la lettre

Tout va bien et tout est extrêmement attachant. Évidemment on se sent parfois isolés loin des siens mais on pense aux congés qui viendront vite et toutes ces choses que nous pourrons faire pendant ces 6 mois. J'ai toujours beaucoup de travail, demain arrive le Brazza avec 350 sacs postaux à taxer. Enfin faire cela ou peigner la girafe !
Bises affectueuses à vous tous

Le DC3 qui nous a emmené d'Abidjan à Cotonou

Rue de Cotonou avec le paquebot «Foch» en rade

Féticheur

Le dieu Yovo

Embarquement des passagers pour le paquebot, depuis le warf

Le Dahomey

Maman a pris la dimension de son univers, de sa nouvelle vie et va envoyer un texte tapé à la machine décrivant la vie à Cotonou telle qu'elle l'a perçue et qui sera joint à un courrier :

« Cotonou le quartier africain
Ce quartier abrite environs 30000 indigènes qui vivent dans des cases de feuilles de palmiers tressées recouvertes d'autres feuilles superposées. Des familles entières sont groupées dans ces réduits où sur des nattes à même le sol de poussière grise tout le monde s'installe pour la nuit. Le jour on vit dehors. Un feu en plein air sert à faire cuire l'akassa (boule de farine de maïs simplement gonflée dans de l'eau et assaisonnée de sauce à base d'huile de poisson) agrémenté de poisson fumé ou de crabes noirâtres.
Les repas se prennent assis dans la poussière, ils mangent aussi des brochettes de viande fumée.
La sieste se passe également dans la rue devant les cases ou sur un coin du trottoir, une pierre quelconque servant d'oreiller.

Tout est gris dans ce quartier et recouvert de la même poussière faite de sable du sol et de résidu de charbon de bois.
Parmi cette saleté vivent pêle-mêle, hommes, femmes, négrillons.
 Ils se roulent, se bousculent, au milieu de poules maigres, de chèvres étriquées et de cochons noirs (eux aussi)

Tout le long des rues qui bordent les cases, les femmes vendent tout un matériel hétéroclite composé de boîtes d'allumettes de conserves variées, de boîtes d'akassa, de beignets, de savons, de pains indigènes (sans sel), assises devant les cases ou dormant derrière leur magasin. Toute la journée elles restent ainsi, papotant, riant mangeant et vendant...un peu. A la tombée de la nuit elles allument de petites lampes faites de boîtes de conserve remplie d'huile et dans lesquelles trempe une mèche. Et le long des avenues des centaines de petites flammes vacillantes éclairent au-dessus de l'étalage les faces noires des marchandes. Puis vers minuit tout le monde rentre se coucher dans leurs cases grises.

Une certaine catégorie, plus élevée, vit dans des maisons en dur. Les loyers en sont d'ailleurs horriblement chers, mais ne pensez pas qu'on y trouve la propreté car c'est une chose assez rare chez eux. Une dernière catégorie enfin, roule en voiture (commerçants enrichis) et vous regarde de haut.

Il y a tout un monde entre le noir gros et gras luisant et vêtu à l'européenne qui roule à toute allure dans sa grosse voiture et la vieille à moitié nue, ridée, sale et infirme qui trie dans les poubelles l'essentiel de sa nourriture.

Oll y a entre eux l'énorme distance que créé la puissance de l'argent sous tous les climats.

Le dahoméen est très orgueilleux et comme on fait beaucoup pour leur instruction (école primaires, techniques, séminaires) il y a un gros pourcentage d'intellectuels (commis de bureau pour les administrations ou les maisons de commerce, vendeurs ou même planton. On a toutes les peines du monde à trouver des ouvriers pour les réparations courantes, le monde ouvrier étant en minorité et peu capable d'ailleurs. Il y a quelques exceptions car certain sont extrêmement sympathiques et intelligents capables de faire le même travail qu'un européen. Mais pour la grande masse ils ne sont pas encore complètement civilisés et gardent dans leur comportement leurs façons de primitifs. Ils dansent peints et emplumés au son des tam-tams en se tordant dans tous les sens suivant des rites millénaires. Ils se mettent à hurler dans la rue pour le plaisir de crier.

Les femmes ne sont nullement esclaves mais au contraire très indépendantes, vivant et faisant vivre leurs enfants de leur petit commerce. Les hommes travaillent de leur côté mais ne s'occupent pas obligatoirement de leur famille. A côté de cela ils adorent leurs enfants et les traînent partout. Les mères portent leurs enfants dans le dos et lorsqu'ils sont plus âgés les pères les portent sur le cadre de leur vélo.

Les petites filles travaillent dès qu'elles ne sont plus dans le dos de leur maman. Nous avions, au début, une marchande d'oranges qui venait à la maison, l'une d'elle avait 4 ou 5 ans et portait sur la tête dans une grande cuvette émaillée une charge d'oranges que je n'aurais pas pu porter sous le bras. On les rencontre dans les rues trottinant dans leur pagne qui leur tombe jusqu'aux pieds leur charge en équilibre sur la tête.

Les noirs sont fanatiques de religion et la plupart sont fétichistes avec leurs sorciers ou revenants, leurs attirails de « gris-gris », d'oiseaux crevés, de crane de singe ou simplement de tumulus de terres décorés de coquillages et tachés du sang des sacrifices d'animaux.
 Les musulmans forment une partie importante de la population mais les chrétiens sont en très grande quantité avec une proportion de protestants par rapport aux catholiques, je ne l'aurais pas cru. Ils ont le culte des morts. Les enterrements sont le cadre de scènes pénibles pour un blanc. Les femmes doivent pleurer et hurler pendant toute la cérémonie en signe de deuil et le lendemain elles sont aphones, c'est arrivé à notre Fatou il y a quelques semaines ! Pourtant elle fait partie des évoluées ayant 10 ans de pension chez les sœurs.

Il faudra encore des centaines d'années avant qu'ils soient un peuple capable de se conduire lui-même et d'entretenir les nombreux travaux que nous avons fait dans ce pays lointain.

Les cannibales existent toujours en brousse et en plein Cotonou des sorciers de sectes enlèvent des enfants noirs, les tuent, jettent leur corps dans la lagune et emporte leur tête dans leur village car leurs dieux réclament des sacrifices de têtes humaines.

Dans une région du Dahomey à Ouidah le serpent est fétiche, il s'agit du python. Un blanc est mort dans des circonstances mystérieuses pour avoir tué un python chez lui.
Il faut dire un mot des agriculteurs et des pêcheurs.

Les agriculteurs forment un peuple travailleur qui au prix de durs efforts arrache à un sol dont la sécheresse est la pire ennemie le maïs, les arachides ou un peu de riz et du manioc. Et à l'ombre des palmeraies on peut voir des sillons fraîchement creusés dans lesquels très vite vont lever les graines qui attendent la première pluie. Les cocotiers et les palmeraies sont la grande richesse d'un pays plutôt pauvre.
Les pêcheurs dont les villages sont semés le long de la lagune, sillonnent celle-ci dans de longues et étroites pirogues et jettent les filets avec une adresse remarquable.
 Le soir, le spectacle qu'offrent les centaines de petites lumières qui dansent sur l'eau comme ajustant autant de feux follets a vraiment quelque chose de féerique.
Et peut-être ce qui m'a le plus frappé dans ce pays c'est l'insouciance des africains qui rient de toutes leurs dents et semblent tellement heureux de vivre malgré la misère dans laquelle ils vivent la plupart du temps. On peut se demander alors si la civilisation nous a apporté le bonheur ! »

Cotonou le 10 janvier

Ma chère maman,

Les enfants sont en train de jouer dans le jardin. Il est 16h30 et on doit rejoindre les Georges à la plage.

Ne vous tracassez pas on peut se baigner, les requins ne sont qu'à 200 ou 300 mètres et on ne risque pas d'y aller à cause des vagues. On se baigne sur le bord, les enfants à plat ventre sur le sable. Il n'y a pas de danger et une quantité d'enfants et des gens sont dans l'eau. Le ravitaillement est toujours un problème car les bateaux n'arrivent pas régulièrement.

Mot rajouté par papa

N'attachez pas d'importance à tout ce que pourra vous dire Mme Govreau, elle a dû lire cela dans des livres écrits par des gens qui sont restés en France.
Les souliers moisissent évidemment mais pas si vite que cela.
Quant aux champignons, ils poussent sur les meubles qui ne sont pas entretenus et à la saison des pluies, mais ce sont seulement des moisissures microscopiques qui donnent aux meubles une teinte veinée blanche.
Il n'y a pas de sécurité sociale en AOF mais les visites et consultations du docteur militaire sont gratuites et seuls tous les médicaments sont payants. C'est moins intéressant qu'en France.

Pour les lettres par avion, à partir de lundi nous aurons droit à 100 grs au lieu de 50 grs. Tout va bien affectueux baisers de ton grand fils.

Un nouveau travail

Cotonou 17 janvier 53

Ma chère maman,

Les vacances sont terminées et je commence à travailler lundi. J'ai été convoquée à l'Office des Changes. J'ai été reçue par le directeur dont la secrétaire est partie en France. Je rentre lundi comme secrétaire de direction au tarif de début de 27000 frs par mois et lorsque je pourrai prendre le courrier en sténo j'aurai 32000 par mois. Voilà notre période de vache maigre terminée, on va pouvoir vivre décemment et mettre un peu d'argent de côté en France. J'aurai lundi une « Fatou » pour garder les enfants et les emmener en classe et faire le raccommodage.
Elle arrivera à 7 h jusqu'à midi et à 14h 45 jusqu'à 17h30.
Nous lui donnerons 2000 frs par mois. Je suis bien contente d'avoir trouvé quelque chose d'autant plus qu'on va retenir à Jacques 840 frs pour le loyer et la location des meubles et en plus les impôts sont élevés.... Demain il y a culte, consécration d'un pasteur anglais et Mr Lebas, le directeur de l'école protestante nous emmène dans un village de brousse où il y une fête religieuse. Vos petits-enfants vous embrassent et moi et Jacques d'affectueux baisers.

Cotonou le 7 février 53

Ma chère maman,

Mon travail au bureau est très absorbant et les heures passent vite. Le nouveau directeur arrive en principe jeudi, pourvu qu'il soit moins empoisonnant que celui que j'ai actuellement. J'ai une autre Fatou, l'autre a été priée de se chercher une autre place ! Elle battait les enfants et ramenait, en notre absence toutes les fatous des alentours à la maison. La nouvelle s'appelle Adèle, a 20 ans, des yeux superbes et a été 10 ans interne chez les bonnes sœurs.
Elle est beaucoup plus dégourdie que l'autre, elle a son CEP et sait coudre. Les enfants l'aiment bien et elle s'en occupe bien.
Je vous envoie un pétale de fleur (collée sur la lettre) d'ici. Ce sont des arbustes, presque des arbres, très décoratifs et dont les grappes de fleurs rouges-mauve sont splendides. Chaque fleur est formée de 3 pétales comme celui joint sur la lettre et ces pétales forment une sorte de cornet (comme les tulipes). Il existe les mêmes en rouge cerise.
Beaucoup de baisers.

On l'aura reconnu, la description des fleurs correspond à des bougainvilliers, inconnus en Vendée à cette époque et découverts par mes parents. Un énorme bougainvillier rouge décorait l'entrée de notre maison et passait par-dessus le portail. Le climat faisait qu'il y avait tout le temps des fleurs. D'autres plantations verront le jour, une rangée de citronnelle qui fera des tisanes et des repousses moustiques, des ananas qui seront très généreux, un oranger dont les fruits seront quotidiennement notre gouter au retour de l'école et des hibiscus.

Cotonou le 10 février

Ma chère maman,

Nous avons reçu votre lettre du 6 avec les coupures de journaux. Bien sûr nous étions au courant de la catastrophe de Hollande et d'Angleterre mais nous n'avions pas beaucoup de détails. Nous pouvons prendre Radio Monte Carlo comme poste français, le soir. Dimanche nous avons entendu « soucoupes volantes » l'émission de Jean Nohain. Le dimanche à 12 h sonnantes, nous avons « le grenier de Montmartre » sur Radio Dakar mais avec plusieurs semaines de décalage. Nous prenons les informations à Dakar ou à Brazzaville que nous recevons très bien sur ondes courtes comme tous les ports côtiers. Il y a beaucoup d'enrhumés ces temps-ci ! Vous voyez il ne suffit pas d'avoir chaud pour y échapper. C'est l'humidité qui est si malsaine ici. Question personne Adèle est beaucoup mieux que l'ancienne, mais il est bien entendu que la « perle » n'existe pas dans cette teinte. Si elle les laisse mettre à peu près tout en l'air, elle les surveille et leur donne à manger et me dit s'ils ont été sages ou pas ! François notre boy nous fait toujours de la bonne cuisine mais comprend tout de travers. Nous lui disons il y a quelques jours : fais revenir un peu la viande pour qu'elle attende demain. Puis tu feras bouillir de l'eau pour que je fasse des compresses (Jacques avait un furoncle au bras). Jacques revient en se tordant de rire de la cuisine, ce pauvre François avait fait bouillir la viande dans l'eau ! Je bavarde et il est 21h30 et je m'endors, nous allons aller au lit. Merci de vos longues lettres qui nous font tant plaisir.

Petit mot de papa :

Juste ces quelques lignes en vitesse en attendant Ginette qui fait la queue chez un commerçant car le « Foch » vient d'arriver ce matin.
Nous avons des carottes, navets, poireaux, choux pommes, saucissons, et petits Gervais à un prix élevé mais enfin il le faut !

Tout au long des lettres on remarque que notre vie est rythmée par l'arrivée des paquebots ou cargos. Ce sont eux qui sont le lien avec la France en amenant ce qu'on appelle là-bas « les vivres frais », c'est à dire tout ce qu'on ne trouve pas comme nourriture sur place et c'est beaucoup en particulier les laitages, le beurre ou le fromage et les légumes verts ou les pommes de terre. En plus les colis ou journaux passent par ce canal.
Il n'y a pas de magasins à Cotonou. Ce sont des comptoirs appartenant aux transitaires et ils sont approvisionnés par les bateaux. Ils ressemblent aux stores américains que l'on voit dans les westerns. Une grande entrée, une immense banque et des vendeurs derrière, à l'entrée sur un tableau noir, la liste des derniers arrivages.

Lettres de maman

Cotonou le 25 février 1953

Ma chère maman,

Je vous écris de nouveau à la machine car j'ai du travail et j'irai plus vite ainsi. Je suis dans le bureau du directeur car mes deux directeurs sont partis à Lomé ce matin et j'ai pu m'installer dans leur bureau pour pouvoir profiter du ventilateur ! Il y a en effet un ventilateur de plafond bien agréable.
Je suis installée juste devant la fenêtre qui donne sur la mer si bien que j'ai de l'air et l'agrément de la vue.
Jacques est bien moins loti que moi car dans sa poste il y a de quoi étouffer de chaleur et il a sa chemise mouillée en permanence et je ne comprends pas pourquoi ils n'ont pas doté des bâtiments aussi modernes de ventilateurs. Les garçons sont partis en classe et ne rentrent qu'à 5 heures car leur institutrice, pour me rendre service les garde une heure de plus, ce qui évite des bêtises à faire en notre absence. Adèle est très bien mais trop bonne avec eux !

Lundi 3 mars 53

Ma chère maman,

Quelle journée fatigante il a fait hier, pas de soleil et une chaleur ! Depuis samedi l'Harmattan est

enfin déclenché, avec beaucoup de retard puisqu'il devait arriver fin décembre. C'est un vent sec qui vient du nord, du désert et dessèche tout. On ne transpire pas, on a plus la peau humide comme à l'ordinaire, on a les lèvres sèches.
Ce vent aspire l'humidité ce qui ne fait pas de mal, mais il est chaud ! Il ne dure que quelques jours, une quinzaine au plus dans l'année et le pays reprend sa chaleur humide. Il amène beaucoup de poussière car il vient de la terre et il flotte dans l'air comme un brouillard. Aujourd'hui le ciel est clair et il a fait du soleil....
Jacques n'a pas le temps de vous écrire car je termine ma lettre ce matin, jeudi, à 8 h moins 20 et il faut que la lettre soit à 8 h à la poste pour partir avec l'avion de ce matin. Nous vous embrassons très fort comme nous vous aimons.
Tout un DC4 de baisers
Ginette

Samedi 21h30

Je n'ai pas pu vous faire aujourd'hui la longue lettre habituelle car je suis en train de me faire une robe et je suis allée la piquer chez Mme Georges. Tout va bien ! Pendant que je vous écris monte une tornade qui déjà rafraîchit un peu l'air, un de ces orages avec des éclairs formidables et des nuages d'encre.
Il commence à pleuvoir. Les tornades ça m'est égal, au contraire car il fait moins chaud ensuite pendant quelques heures, mais je n'aime pas

l'orage ! Il n'y aura pas foule ce soir au cinéma car c'est en plein air.

Il fait du vent, les dernières feuilles mortes sont tombées. Rassurez-vous les feuilles neuves sont déjà poussées ce qui vaut le curieux spectacle de rencontrer sur un même arbre des feuilles mortes rouge vif ou jaune pâle et des feuilles toute fraîche vert pale. Le printemps et l'automne qui se rencontrent alors qu'il fait une chaleur d'été ! C'est l'Afrique !

Je vais me coucher et vous dis à mercredi. Affectueux baisers de nous cinq.
Ginette

Cotonou le mercredi 4 mars 53

Ma chère maman,

Je vois que le printemps montre le bout de son nez et personne ne doit en être fâché après un tel hiver. Savez-vous que je l'envie maintenant votre printemps. Nous avons tellement chaud que des matinées fraîches me semblent (de loin) bien tentantes. Encore deux mois de cette température et la pluie nous rafraîchira un peu malgré le désagrément de la boue car on patauge dans la boue une seule rue est bitumée.

Jean Pierre recommence à bien manger et ne se plaint pas d'être fatigué, il a besoin de prendre (comme tous les enfants ici) quelque chose pour contre balancer l'action déprimante de la saison.

Il est certain qu'en débarquant en France, après notre 3éme saison chaude nous n'aurons pas des mines splendides, d'autant plus que c'est surtout le manque de globules rouges qui est la grosse question des climats tropicaux. Mais ne vous affolez pas, il paraît qu'en un ou deux mois on retrouve des couleurs...européennes.

Il y a aussi la nourriture qui compte, ici on mange beaucoup de féculents faute de légumes verts.

On se rattrape avec les fruits, bananes, oranges, ananas.

Pensez donc que nous avons acheté de belles oranges à 5 pour 5frs au marché et hier soir nous avons acheté (à une de ces marchandes qui sont assises sur le trottoir ou couchées et derrière leur marchandise du matin au soir) 16 grosses bananes pour 25 frs. Aussi nous ne nous en privons pas, je vous vous assure.

Jean Pierre travaille toujours aussi bien et est sage en classe. Jean Michel, bon travail, dissipation permanente (où est l'adorable bébé si calme et si sage ?). J'espère qu'il passe une mauvaise période. Hier soir les enfants ont joué dans le jardin et nous ne sommes pas sortis.

Il est vrai qu'ils ont le même air dans le jardin que sur la plage puisqu'il n'y a qu'une avenue qui nous sépare. Le Brazza est en rade depuis ce matin et nous aurons des « vivres frais » puis nous serons sans arrivage jusqu'au 26. Le nouveau directeur a l'air très gentil et a compris que je ne pouvais pas faire autant de travail.

Aussi je suis chargée de trouver une autre dactylo pour me seconder mais c'est très difficile, le nombre d'européennes travaillant étant assez restreint.

Mrs Lebas et sa famille sont venus nous rendre visite, ils sont très gentils. Nous nous sommes installés dans le jardin jusqu'à 7h 30 puis nous avons dîné.

Au dessert nous avions de la bouillie de farine de maïs au chocolat. C'est très bon et on trouve cette farine tant qu'on en veut. Il faut bien employer les produits du pays ! Ci-joint un échantillon de la robe que je suis en train de terminer. Je veux la finir pour vendredi soir car il y a réunion d'européens au foyer protestant à 18h. Avez-vous reçu toutes nos lettres ? Nous vous écrivons tous les mercredis et tous les samedis.

Nous vous embrassons tendrement. Ginette

Samedi 19h30

Ma chère maman,

Ce n'est pas une longue lettre car notre samedi a été très rempli ! Les garçons sont allés faire des courses avec leur papa puis je suis allée chez les Georges pour porter du saucisson, du pâté et des petits Gervais arrivés par le « Hoggar ».

En les mettant dans le frigidaire des Georges, j'ai pour plusieurs jours des hors d'œuvres (en variant avec les salades de tomates ou les crevettes roses qui sont délicieuses et pas cher).

Les fromages blancs feront du bien aux enfants car ils n'ont que peu de lait ou dérivés frais et c'est du calcium ! Mais voilà jusqu'au 26 mars il n'y aura pas d'autres arrivages. Mais nous mangeons des épinards d'ici, différents de ceux d'en France mais très mangeables. Nous avons pu avoir 2 caisses de 25 kgs de pomme de terre du dernier paquebot. Nous voilà sauvés jusqu'à l'arrivée des nouveaux bateaux du Maroc. La question nourriture étant terminée je file à table et reprendrai ma lettre. Les noix de coco tombent dans le jardin et nous en avons encore 9 d'avance destinées à finir en gâteaux.

Ces dernières nuits ont été si chaudes qu'on y trempait chemises et pyjamas. On a que le drap mais on se protège tout de même d'un refroidissement possible dû à la transpiration. Tous les soirs, séances de « Fly-toxication ».

Jacques fait le tour de la maison avec sa « sulfateuse », comme il dit et on arrive à n'avoir que peu de moustiques, pas de mouches et pas de cancrelats. Pour répondre à vos questions : oui nous avons toujours des fruits car il y en a toute l'année. Les oranges de notre jardin commencent à mûrir. Cet oranger atteint la hauteur du 1er étage sur la façade. Nous avons aussi un citronnier mais il n'a rien donné pour le moment. Je me sauve car nous allons au cinéma. Il y un film en couleur sur le Congo. C'est à 100 mètres mais nous allons passer poster votre lettre. Grosses bises de nous.

Et oui nous mangions souvent avec les produits locaux en particulier les légumes. Je l'ai dit les pommes de terre venaient de France et parfois manquaient, alors c'est avec des ignames que maman les remplaçaient. L'igname est un tubercule comme la pomme de terre mais plus gros et dont le goût s'en approche. Cela remplacera les frites ou la purée.

Quant aux fruits cela ne manquait pas, bananes, ananas, oranges, mangues, pamplemousses ou noix de coco étaient à profusion et nous ne nous en privions pas.

Il y avait aussi les goyaves, un de mes fruits préféré, dont le goût est proche de la fraise ou la papaye qui poussait dans notre jardin et accompagnait les salades de fruits et parfois se mangeait en gratin.

Et puis il y avait les plats locaux dont l'acassa. Une pâte de maïs fermenté enveloppé dans une feuille de teck. La pâte de maïs se sert aussi dans des bols avec une sauce tomate/oignon/piment ou sauce sésame. J'adorais cela mais j'étais le bien seul à en manger. Ce fut aussi la découverte de monstres. Des crevettes roses énormes ! En fait des gambas, mais nous n'en n'avions jamais vu étant habitués à nos crevettes grises ou roses de tailles « normales ». Papa nous a fait poser, les trois enfants, avec chacun un gambas dans la main pour faire une photo qui est vite partie en France et qui a eu son succès.

Là encore je resterai avec le goût de ces fruits et que je continue d'aimer avant les fruits d'Europe à part les cerises et les fraises qui n'existaient pas en Afrique à cette époque. Récemment à Dakar j'ai eu la surprise de les trouver à tous les étals des marchandes de fruits.

Cotonou mardi 20h30, le 10 mars 53

Ma chère maman,

Je n'aurai pas le temps de vous écrire demain, nous allons voir le Général De Gaulle qui arrive par avion demain après-midi. J'ai congé et ne travaille que le matin.

Jacques sortira à 15h 30 ainsi que les enfants. Tous les africains ont été conviés, les tam-tams doivent être de la fête. Ce sera certainement intéressant !

Nous avons reçu votre colis par le Foch. Nous l'avons eu il y deux jours, il y a tellement de colis qu'il faut plusieurs jours pour qu'ils nous soient distribués.

Les noix sont toujours accueillies avec la même gourmandise, j'ai acheté de la confiture de fraises et cela fait des desserts excellents.

Personne ne refuse la tartine de confiture parsemée de noix, même si l'appétit a été capricieux au cours du repas. Merci pour votre colis. Nous vous donnerons des nouvelles des pastilles Jessel. J'en ferai prendre aux enfants pour pallier à la fatigue. Nous tenons bien le coup et à midi nous avons hâte de déjeuner pour pouvoir vite faire la sieste et prendre une douche avant de partir. Le soir nous apprécions fortement la situation de notre maison qui nous permet d'avoir l'air le plus frais de la mer. Si seulement nous pouvions dormir les fenêtres ouvertes, mais on risque fort de ne pas être seules toute la nuit ! Enfin « c'est l'Afrique ! » comme dis Mr Georges quand il ne trouve pas d'explication. Et pour bien des choses il faut ici se contenter de cette explication car il y en a d'incompréhensibles.

Pour la paroisse, voici des nouvelles : nous sommes allés à une réunion pour élire le conseil presbytéral. Jacques a été élu secrétaire et Mr Georges trésorier.

Au programme culte en français au temple avec les africains pour le 1er dimanche de chaque mois. Le 3 éme dimanche culte entre européens dans une salle du foyer.
Une fois par mois réunion pour étude biblique ou études profanes sur un sujet d'actualité entre « parpaillots ». Enfin tous les jeudis école du dimanche, les trois enfants vont y aller. Vous voyez que nous sommes loin d'être isolés et que nous avons ici une communauté bien vivante.
Nos deux payes suppriment les affres de fin de mois si dures à boucler et permettent des projets dont le frigidaire sera le premier achat. Les lettres de vos petits-enfants sont commencées, encore de grosses bises.

Ginette

Cotonou le 18 mars

Ma chère maman,

Je ne vous fais pas une longue lettre car je suis assez fatiguée dû au surmenage que cette semaine m'impose.
Mon ancien directeur part vendredi matin et il a une quantité de chose à liquider avant son départ, et qu'il a attendu la dernière minute pour me les donner alors que j'aurais pu le faire beaucoup plus tôt...
La santé collective est bonne, il n'y a que Jean Michel qui a un gros furoncle au genou et ne peut pas marcher. C'est une sale histoire ici que ces

furoncles. Le microbe est dans l'air en permanence et à cette saison la majorité des européens en a. Il y a du vent aussi il va faire bon à se promener. La mer est splendide, bleue avec des vagues énormes qui déferlent par-dessus la dune dans une gerbe d'écume.

Les barques sautent comme des coquilles de noix, mais continuent imperturbables, leur trafic entre le wharf et les cargos. Il fait beau comme toujours, quelques tornades de temps en temps et tout redevient comme avant.

Mercredi après-midi nous sommes allés voir le général De Gaulle : revue des troupes sur l'avenue de la mer, la Marina, musique militaire, tam-tams pittoresques et colorés, soleil d'Afrique et au loin la tornade qui montait dans un coin de ciel gris et courbait les palmes des cocotiers. Une petite fille apporte des fleurs à Mme De Gaulle, très simple en tailleur gris.

Le général a vieilli, paraît fatigué (il l'est d'ailleurs puisqu'il a retardé, le lendemain son départ de Cotonou pour Port Gentil pour cause de fatigue).

Très vite il part en voiture pour Porto Novo où il doit présider un dîner à 21 heures, la réception officielle dans les jardins du gouverneur. A 22h30 la tornade éclate, un flot de sable saupoudre les sandwichs, des trombes d'eau les noient, les invités courent vers leurs voitures et y arrivent trempés comme des soupes, robes du soir collée au corps. La fête s'est terminée ainsi assez piteusement.

On m'attend pour sortir, je vais enfiler ma robe et me coiffer. Affectueux baisers des cinq africains.

La vie va continuer comme une longue lagune tranquille, entre le travail de mes parents, l'arrivage des vivres frais avec les paquebots qui viennent de France et qui rythment les menus quotidiens, les amis qui viennent et chez qui on va et les balades en Brousse avec la 203 camionnette. Ces souvenirs sont encore frais finalement. J'aimais le matin de très bonne heure, vers 6 heures, je me levais seul et m'asseyais sur les marches face à la mer. Je prenais ma planche à dessin et je dessinais tous les bateaux qui étaient en rade. Qu'est-ce que j'ai pu en dessiner, je les connaissais tous. Le saint Mathieu, bien sûr mais il avait un « frère », le saint Marc. Les bananiers au style particulier, les paquebots, les cargos aux longues cheminées qui fumaient noir. Malheureusement il n'est rien resté de ce que j'ai pu dessiner, je les connaissais tous. Mais que sont devenus ces dessins ? Pourtant maman gardait tout, mais là il y a eu un loupé. J'aimais les retours de l'école où en rentrant à la maison on cueillait une ou deux oranges dont on suçait le jus sucré. La peau était trop épaisse pour les peller. L'oranger était à l'entrée dans le jardin.

Les noix de coco qui tombaient régulièrement en début d'après-midi et dont je raffolais et qui permettaient à maman d'avoir en permanence des petits gâteaux à la noix de coco.

Nous en avons tellement mangé et puis un jour avec mon frère nous avons vidé la boite métallique de réserve et nous avons été malade sérieusement. Depuis je déteste la noix de coco autre que fraîche. Et il y avait ce jardin immense. C'était du sable ou de la latérite mais quel bel espace de jeu avec quelques filaos qui faisaient un coin d'ombre. Nous jouions aux voitures miniatures, les Dinky-Toys, et nous avions tracé sur le sable une « ville » avec ses rues ses maisons et faisions circuler nos petites autos sur cet espace de jeu. En fin d'après-midi la douche était obligatoire car nous ressemblions à la couleur de la terre.

On traversait l'avenue où le passage d'une auto était très rare et c'était la plage et ses gros rouleaux. Il y avait des dizaines de crabes sur le sable que l'on appelait des crabes palmistes et qui disparaissaient dans leurs trous aussitôt que l'on arrivait. Le bain pouvait être dangereux avec ces grosses vagues mais nous nous contentions de nous tremper au bord sous la surveillance des parents. Et puis il y avait le soir, le nuit tombe vite ici et devant nous un paysage de lumières dansait au gré des vagues. Tous les bateaux étaient illuminés et formaient un horizon magique dont on ne s'est jamais lassé.

Mais je laisse la parole à maman dans un texte qu'elle enverra aux deux mamans

« Le plus pittoresque c'est le marché. Une grande toiture soutenue par des piliers, sorte de hangar à courant d'air sous lequel et même autour des dizaines de femmes noires sont accroupies derrière leur étal.

La plupart ont un adorable négrillon souvent endormi, attaché dans le dos par une pièce de tissu bariolé enroulé autour de la mère.

Un autre petit noir trotte, pieds nus et tout nu dans la poussière. Les femmes sont bavardes et leurs voix criardes fait ressembler le marché à une volière ou le perroquet domine. Suivant les goûts on peut faire ses délices de noix de coco, de papayes, d'avocats, de mangues ou de goyaves. Suivant la saison on achète des haricots verts qui valent... 1fr pièce et se vendent par petites tas de 5, de la salade et des radis, des poireaux de la grosseur d'un crayon. Les légumes sont chers. L'ail et l'oignon sont hors de prix, laurier et thym introuvables. Le riz quoique produit sur place est assez cher, les haricots secs, plus petits que ceux de France ont un goût un peu spécial mais agréable. Les poulets haut sur pattes et en général squelettique valent de 125 à 150 frs la pièce.

On en fait une grosse consommation. Les boucheries vendent du buffle, viande assez coriace car les pauvres bêtes descendent à pied du Niger. Il y a aussi du porc (ici les porcs sont noirs quelques fois tachés de rose).

Le pain est vendu uniquement en baguette et il est très bon. On complète avec la gamme infinie de conserves qui viennent de France ou d'Angleterre car plusieurs comptoirs sont anglais. L'eau n'est pas potable. Elle est stockée dans des citernes et pompée chaque matin par les prisonniers de la ville. Chaque logement est pourvu d'un filtre et on ne doit se servir que d'eau filtrée pour la consommation. Les vins, liqueurs ou apéritifs et eau minérale sont partout en quantité on a l'embarras du choix.

A part le ravitaillement que fait-on aux colonies ?

Tout d'abord il y mes trois enfants qui sont une source presque inépuisable d'occupation.

Mes trois petits diables suffisent à me procurer des journées bien remplies. Le matin je m'occupe des douches et du petit déjeuner.
Les garçons sont alors prêts pour partir en classe. Casque sur la tête, ils attendent assis sur le bord de la rue la camionnette du RBN (Régie des chemins de fer Bénin-Niger) qui les emmène à l'école.
Annie Claude a 5 ans et est encore aux premiers rudiments d'instruction et j'y suffis. Je m'installe avec mon écolière et nous travaillons pendant une heure ou deux. Puis pendant qu'elle dessine ou joue je me mets au courrier.
Le courrier est une importante occupation ici, ceux que nous avons laissés en France étant aussi avides de nouvelles que nous le sommes des leurs.
Les jours de courrier seraient une grosse déception de ne rien avoir. Il fait très chaud et je m'installe pour écrire dans le courant d'air frais de la terrasse. Ensuite j'établis mon menu à midi et à 13 heures sieste obligatoire pour tout la monde.
A 14h recommence la classe pour les garçons et le bureau pour nous.
Si j'ai des courses à faire il faut les faire avant 17 heures car c'est l'heure de fermeture des magasins. C'est alors l'heure délicieux, la dernière heure du jour où il fait bon se promener, l'air est rafraîchi par la brise qui vient de la mer, le soleil se couche tout rose, les palmiers balancent leurs larges éventails qui s'assombrissent et se découpent bientôt en noir sur un ciel mauve. Les crépuscules sont brefs mais splendides. Il reste une heure avant le dîner que nous prenons en

général vers 19 heures. Suivant l'humeur il y a le choix entre la plage, la terrasse du « Mickey » et le Cercle. Il fait délicieusement bon à la plage a cette heure.

Les vagues déferlent à nos pieds dans une écume blanche, les bateaux en rade s'illuminent et le phare nous balaye régulièrement de son pinceau de lumière. La terrasse du Mickey, bar situé au centre du quartier européen peut offrir le confort d'un fauteuil, un peu de courant d'air et une rencontre agréable lorsque l'on est assez ancien pour avoir des relations.

Enfin le Cercle, club qui existe dans chaque ville et qui est réservé aux européens. Il faut d'abord être présenté par deux parrains, puis verser une cotisation pour devenir membre. On peut y retrouver des amis, bavarder en prenant l'apéritif. On y trouve un billard, un bar, une bibliothèque, des toboggans pour les enfants et un court de tennis. Coté mondain il s'y donne des soirées dansantes et représentations de théâtre avec des troupes d'amateurs.

Je n'avais jamais imaginé Noël dans ces pays pendant qu'on grelote en France. A Cotonou petits blancs et petits noirs, les yeux écarquillés, contemplent eux aussi les vitrines de Noël. Quelques morceaux de coton collés aux vitres simulent la neige. Un sapin de Noël qui n'est qu'un filao se pare de fils d'argent et de grosses boules multicolores.

Un mannequin drapé de moire blanche est debout devant une table chargée de victuailles et de vins fins et, dans un coin une cheminée en carton

peint offre son feu de bois avec des flammes en serpentins roses agités par le ventilateur.
C'est un petit coin de France dans cette vitrine de Cotonou.
Par la fenêtre, sur l'eau noire qui miroite sous les lumières, deux paquebots de la compagnie des Chargeurs Réunis, le « Leclerc » et le « Foucault », l'un arrive de Douala l'autre de Bordeaux, bercent leurs coques sombres.
Tous illuminés, ils attendent les invités du réveillon de Noël.
Les dames en robes du soir vont s'offrir ce moyen de transport inédit : le panier transbordeur balancé au bout d'une grue.
Les enfants dorment mais au matin, le réveil s'accompagne des cris de joie avec des airs ravis de tous les petits enfants du monde devant les souliers garnis. Vite le petit déjeuner puis les casques sur la tête, les voilà au jardin pour essayer dans le sable la pelleteuse et les camions. Vêtus seulement d'un short mes « ouvriers » se soucient peu du soleil déjà haut et de la chaleur qui monte.
Pourtant ce Noël sous les tropiques est très différent des Noëls d'Europe et comme dit ma toute petite « c'est Noël maman, il aurait dû neiger ! »
Il faudra s'habituer à ces chauds Noël qui ne seront plus vraiment une fête de famille. Un petit soupir vite, tournons la page pour retrouver le sourire, ces pages vont se succéder pendant deux ans. De retour en France, je sais que nous reverrons souvent ces paysages de chaleur et de soleil et nous y reviendrons. Comment oublier

lorsqu'on y a vécu ? Je comprends déjà la nostalgie des vieux coloniaux, le regret qu'on lit dans leurs yeux lorsqu'ils évoquent l'un de ces pays où ils ont laissé un peu d'eux même.

Maman écrira deux ou trois lettres par semaine. La découverte de la vie coloniale est faite, les curiosités telles que les fruits, les légumes locales, les crevettes géantes roses, la perception « colonialiste » des autochtones décrites, seules les nouvelles de la famille rempliront le courrier. Les balades en brousse feront l'objet de récits séparés avec souvent joint un croquis du trajet sur une petite carte. Mes parents ont toujours adoré ces sorties. Glacière pleine, appareils photos et caméra en bandoulières nous partions pour la journée en brousse et nous adorions cela. J'ai grandi avec la culture du pique-nique et je continue à aimer cela. En rentrant papa s'enfermait dans la salle de bain qu'il avait transformé en labo de développement de photos. Des fois nous avions le droit d'être avec lui.

Mon frère et moi avons quitté notre école privée car mes parents trouvaient que nous ne travaillions pas très bien. Et ils avaient raison. L'institutrice était une amie de la famille, ses deux fils de notre âge de très bons copains et la rigueur n'existait pas.
Aussi nous nous retrouverons à l'école communale malgré l'avis de papa dans ses premières lettres, seuls blancs au milieu de 38 noirs. L'institutrice était une française.
Je garde encore le souvenir de copains dahoméens avec qui je m'entendais bien, et je pense entre autres à un qui s'appelait Agoli Agbo !

Je crois que c'est de là que je n'ai jamais eu de sentiment de racisme et que je me suis attaché à ce continent et ses habitants.

Nous allions alors à l'école à pied et sur la route des grues couronnées nous poursuivaient et nous piquaient parfois les mollets, il faut dire que nous les excitions un peu !

Hormis les mois où nous avons eu la camionnette 203, papa n'aura pas de voiture durant ce séjour, trop chère. Il se déplaçait avec son vélo. Vélo qu'il avait amené de Vendée et qui finira sa vie sur ce territoire.

Mais je vais redonner la parole à maman car nous rentrons d'une grande virée autour du lac Ahémé, immense lac situé au nord de Cotonou à une cinquantaine de kilomètres, des kilomètres de piste, bien sûr.

Promenade sur les bords du lac Ahémé

« Un quinze août comme on aurait pu en avoir en France avec un beau temps, un peu brumeux pourtant mais qui tamisait un soleil dont on a que faire en brousse car il fait en général très chaud dès que l'on s'éloigne de la mer.
Donc vers 10 h nous sommes partis, une pleine camionnette puisque nous sommes déjà 5 et que nous emmenions les Jobard qui sont trois dont le petit Hervé dans le landau.
Les provisions dans les panières et les thermos dont un contenait de la glace prise dans le frigidaire et qui procurait des boissons fraîches... qui devaient arriver tièdes à l'étape.
La route fut d'abord celle que nous connaissons aux abords immédiats de Cotonou, des cocotiers de chaque côté et une route goudronnée sur laquelle à 70 km/h nous n'étions absolument pas secoués.
Puis les cocotiers s'espacèrent pour faire place aux palmiers touffus par endroit, classique paysage du sud Dahomey.
Bientôt nous eûmes de chaque côté de nous des rangées de grands filaos et on aurait pu se croire sur quelque route d'Alsace. Plus rien n'indiquait l'Afrique si ce n'est quelques noirs que nous croisons, fardeau sur la tête vêtus de leur pagne.
La route goudronnée ne fut bientôt plus qu'un souvenir car un peu avant Ouidah, première étape de notre promenade, nous abordons la piste de tôle ondulée sur laquelle on danse terriblement.
Mais le pittoresque y gagne, et Ouidah nous apparut au bout d'une allée ombragée de grands

arbres touffus, une vraie voûte de verdure qui débouchait en plein dans la vieille ville Dahoméenne : des cases de terre rouge si typique qui représentent la plupart des habitations du village. Les toitures sont pointues faites de paille grise. Telles sont les maisons d'ici où le progrès ne semble pas près de pénétrer. Nous en avons profité pour visiter la cathédrale puisque c'est un évêché, une église comme toutes les églises de France avec ses vitraux, ses confessionnaux et sa fraîcheur. Puisque nous étions dans la religion nous sommes passés par le temple aux serpents. Là ils sont laissés en liberté, puisque ce sont leurs dieux, des pythons, qui habitent des petites paillotes grises. Mais hélas nous n'avons pas pu les voir car le jour ils sortent librement et ne rentrent que la nuit.

Puis nous avons été accueillis par le chef de gare et sa famille dont la jolie petite maison en dur est entourée d'un jardin plein de fleurs et de légumes magnifiques.

Une bananeraie, non loin, avait été plantée par le chef de gare lui-même.

Un rafraîchissement fut le bienvenu dans la fraîche salle à manger, il n'était pas loin de midi. La halte fut courte car nous voulions déjeuner au bord du lac Ahémé but de notre promenade.

Aussitôt quitté Ouidah le paysage change et nous voici en pleine brousse mais toujours sur de la tôle ondulée. De nombreux chemins s'enfoncent dans la verdure vers quelques villages. Le chemin le plus large et le plus sympathique nous a tellement tentés que nous l'avons pris avec la voiture. Au début tout allait bien mais brusquement tout change et nous nous trouvons en plein sable avec le danger de s'y enfoncer. Nous avons fait demi-tour.

Mais la distance qui nous séparait du lac était courte nous arrivions au belvédère, sorte de terre-plein qui domine le lac et d'où on découvre un magnifique paysage.

Le lac à perte de vue, coupé d'îlots sur lesquels sont construits de petits villages de paillotes qui ont l'air posés sur l'eau comme des feuilles mortes.

Les pirogues, longues et étroites font le trajet d'une rive au village et ça et là, des têtes noires émergent de l'eau qui leur vient aux épaules et qui peinent des heures pour retirer de la nourriture du lac. De tous petits négrillons barbotent partout dans les canaux qui sillonnent les abords et relient les villages les uns aux autres.

Nous avons fait halte dans une gare, le chef de gare ayant mis à notre disposition une pièce au 1er étage avec vue sur le lac. Bien à l'aise nous avons déjeuné de bon appétit en regardant l'embarquement de grandes pirogues qui font le trafic jusqu'à l'autre bout du lac chargées à bloc derrière laquelle les piroguiers de leur gestes lents des bras font avancer les embarcations. Et pendant des heures ils vont planter leur longue perche grise, à moins qu'un petit vent se lève auquel cas ils tendent la voile carrée si typique et se reposent en chantant leurs lentes mélopées.

Dès 14 h nous avons repris la route car nous voulions remonter la rive gauche. Tout de suite ce

fut un enchantement car nous avons pris la piste qui longe le lac et remonte vers le nord.
Une allée où les arbres se rejoignent pour nous faire un arc de triomphe de verdure ininterrompu. Le but de notre voyage était un adorable petit village, blotti au milieu des cocotiers au bord de l'eau.
 Des cris de joie nous ont accueillis et des petits noirs tout nus venaient nous regarder avec curiosité sortir de la voiture. Dès que nous sommes descendus vers les berges où toutes les pirogues des chefs de famille étaient bien alignées, nous avions une escorte de tout le village et de partout aussitôt la nouvelle sues, nous voyons accourir de nouveaux curieux à travers les cocotiers. Nous avons photographié ce petit monde qui riait et jacassait sans que nous comprenions évidemment un traître mot. Mais ils étaient ravis et lorsque, presque à regret, nous quittons ce petit coin d'Afrique nous avons été salués par des cris d'adieux et de grands gestes des bras jusqu'à ce que nous ayons disparu. Le retour par la même route s'est effectué sans encombre

La région nous avait tellement plu que nous y sommes retournés un 16 août. Mais cette fois l'escale à Ouidah fut plus intéressante puisque les serpents étaient là ! Le grand féticheur est rentré dans une case et s'est mis à prier à genoux avant de prendre un python. Puis il est sorti avec un énorme serpent qu'il s'est mis autour du cou.
Les autres étaient sortis. Le sorcier a proposé à mon père de prendre le python, il ne s'est pas fait prier. Il

fut le seul à avoir ce courage bien que ce ne soit pas un serpent dangereux.

Puis le python a regagné sa case et nous la voiture ou plutôt la camionnette devant le sorcier plein d'admiration et de respect pour mon père.

Plus tard dans un village au fond de la brousse nous avons entendu des cris et des tams-tams. Sur une petite place de terre sous les arbres devant, des féticheurs et féticheuses dansaient, couverts de bouillis jaunâtres faits probablement d'huile de palme. Ils avaient la tête enduite de palme et de farine de maïs. Ils tiraient la langue qui tremblait comme des chiens qui ont couru et roulaient des yeux hagards. C'était une danse frénétique en l'honneur de leur fétiche, les tam-tams faisaient un bruit incroyable. Un danseur doit être amené de force par 3 autres dans une case. Il se débat et se tord. Un autre prend un élan de plusieurs mètres et fonce la tête la première contre un cocotier, tombe, se roule, culbute à terre et recommence à aller se fracasser sur le cocotier, la tête en sang. Nous avoir permis d'assister à une telle manifestation fétichiste était un privilège extraordinaire, peu de blancs ont eu cet honneur.

Mon père ne manquera rien, l'appareil photo autour du coup et la caméra au poing. Le soir en rentrant il se précipitera dans son labo pour voir ses photos et c'est un grand cri qui sortit du cabinet de toilette.

Le film de la caméra s'est bloqué et rien n'a été enregistré. Vous avez dit sorcellerie ? Peut-être !

Mais le souvenir de cette soirée ne me quittera jamais et en l'écrivant je revois très nettement les images, j'entends les sons et perçois les odeurs.

Les Dahoméens sont fétichistes, dans chaque village il y a un « fétiche », souvent tumulus de terre décoré de

coquillages et couvert de traces de sang témoignage de sacrifices d'animaux. Il y en avait un qui avait beaucoup de succès auprès des blancs. C'était le « dieu Yovo » - yovo voulant dire blanc en Font, langue vernaculaire. Il était représenté grandeur nature, assis sur un trône et entièrement nu, sauf son casque. Mais sa particularité était qu'il était doté d'un sexe conséquent en érection ! La colonisation n'a donc pas laissé que de mauvais souvenirs !
Il y avait régulièrement dans la ville de Cotonou des sorties de sorciers. Nous les appelions « les revenants ». Ils traversaient les rues entourées de tam-tams et habillés de masques et de costumes de pagnes, coquillages et feuilles de palmiers. On ne voyait pas leur visage et parfois ils étaient montés sur des échasses. Ces sorciers vénéraient les morts. C'était très impressionnant et l'on disait qu'ils enlevaient parfois des enfants noirs. Cela ne nous faisait pas peur et nous regardions cela comme une cavalcade folklorique.
Les européens ne risquaient rien mais je pense que cette traversée de la ville régulièrement était une façon de nous montrer qu'ils étaient bien chez eux !

Lettres de Maman

Cotonou le 28 mars

Ma chère maman

Le ventilateur a beau tourner à plein je n'arrive pas à sentir un peu de fraîcheur. Nous bénéficions actuellement d'une chaleur aussi exceptionnelle paraît-il que le fut votre froid en France. Il y en a encore pour un mois puis la saison des pluies arrivant, nous pouvons espérer avoir moins chaud. Cet après-midi, à la maison : réunion du conseil presbytéral avec le pasteur Hamel de Porto Novo.
Hier soir nous avons eu la visite de Mr James le pasteur anglais d'ici, toujours en tournée quelque part dans le nord et qui fait de courts séjours à Cotonou.
Les grandes vacances coïncideront avec la saison fraîche et les enfants pourront profiter du jardin toute la journée.
Ils s'y plaisent beaucoup et il faut les appeler à la nuit pour se mettre à table car ils y sont encore. C'est si grand, si agréable pour courir et y jouer « à la chasse aux fauves » (évidemment) .
Je vous embrasse

Cotonou le 7 avril 53

Ma chère maman
Jacques m'a apporté tout à l'heure votre lettre avec les coupures de journaux et le petit colis d'œufs de

Pâques. Comme il venait de voir les enfants qui partaient en classe il leur a fait une distribution et vous jugez comment il a été accueilli.

Ici on ne trouve pas ces œufs, seuls quelques poissons des cloches en chocolat ont été vendus à des prix exorbitants. Nous avons passé des fêtes de Pâques très agréables.

Vous allez en juger d'après le récit de ces deux jours ½. D'abord samedi après-midi nous sommes allés voir l'exposition artisanale au collège technique. C'était très intéressant et il y avait beaucoup de jolis choses à voir : des cuivres ciselés, des tissus du pays, des tissages (tapis, dessus de table) de l'ébénisterie, des photos du Dahomey, des chapeaux de raphia, des tentures, des broderies superbes, des tableaux, des objets en bois (têtes, singes, anneaux...) et des bijoux en argent. Jacques m'a offert une petite broche en argent représentant un margouillat (lézard local). Nous sommes rentrés dîner et à 21h nous sommes partis au cinéma voir « Mr Fabre » avec Pierre Fresnay. Un film épatant qui a beaucoup intéressé les enfants car on y voit beaucoup d'insectes. Dimanche matin nous sommes partis au culte à 10h30.

Culte très intéressant dans la chapelle du foyer, nous étions une trentaine d'européens, pas d'africains car ils avaient leur culte au temple. Nous allons au culte au temple avec eux une fois par mois. Lundi matin départ à 9h30 pour Porto Novo où les Hammel nous avaient invité à passer la journée.

D'abord panne d'une heure de l'autorail.

Mr Hammel nous attendait et vite nous étions installés devant des rafraîchissements, assis dans de bons fauteuils. A 17 heures un bon goûter nous attendait sous l'énorme manguier et un oranger sous lequel roulaient les oranges. Nous n'étions pas trop à plaindre. Les enfants Hammel avaient peint, le matin 14 œufs durs que nous avons cachés et toute cette équipe s'est mise à fouiller les arbres, bosquets, recoins avec des cris de joie. Cela a duré jusqu'à la nuit.

Un voyage en autorail vers Porto Novo

Un bel autorail, tout neuf nous promet un agréable voyage malgré la chaleur et les 30 kilomètres qui séparent Porto Novo, la capitale administrative de Cotonou.
A l'heure exacte nous quittons la gare de Cotonou, passons le pont sur la lagune et nous nous engageons sur la voie unique qui borde la route goudronnée en direction de la capitale. A droite, en bordure de mer les cocotiers qui, ce matin n'agitent pas leurs grands éventails, l'air étant absolument immobile. A gauche les palmiers à huile, plus feuillus, plus trapus mais aux palmes déchiquetées comme des pétales de chrysanthèmes. Elles n'ont pas la raideur de celles des cocotiers et retombent mollement autour des troncs grisâtres.
De temps en temps un vague chemin de sable s'enfonce dans cette végétation jusqu'à quelques villages de brousse. Le paysage inlassablement le même s'étire le long de la route et devient monotone.
Nous arrivons à la première halte au pittoresque nom d'Agblangandan. Et là nous tombons en panne ! Les derniers kilomètres ont été d'ailleurs effectués péniblement car le levier de vitesse est bloqué en seconde. Impossible de passer en troisième et à la halte impossible de repartir ! Le chef de train extrait de l'autorail un appareil téléphonique portatif.
Un africain grimpe à un poteau pour atteindre les fils téléphoniques et y brancher sa « station » improvisée. Cela demande pas mal de tâtonnement et... la manivelle de l'appareil est cassée, l'appel s'avère laborieux.

D'en bas où nous sommes et autant que nous pouvons en juger, la réponse s'avère aussi difficile.
Enfin après une vingtaine de minutes nous apprenons que la gare de Cotonou nous envoie un nouvel autorail de secours.
L'attente nous semble longue car il fait très chaud.
Nos « essais d'excursions » aux environs immédiats se bornent à un trajet de quelques mètres car le sable brulant rentre dans les chaussures en nylon.
L'autorail arrive enfin. Nous, prenons place dans la voiture de secours poussiéreuse à souhait puis 10 minutes après on nous prie de reprendre place dans la voiture en panne... déjà dépannée ! Un mécanicien envoyé sur les lieux a débloqué le levier.
D'abord d'un essai sur la voie et debout sur le bord de la route nous attendons sous le soleil tropical.
Enfin nous embarquons et repartons après une heure d'escale.
Le paysage s'étoffe un peu. Des arbustes poussent en un fouillis inextricable dans les palmeraies. La route file, droite à perte de vue vers le pont qui enjambe l'Ouémé et nous amène sur l'autre rive à Porto Novo. Des papyrus poussent aux abords du pont. Des pirogues étroites sillonnent l'eau calme. L'une d'elle étale le carré bleu de sa voile sur la grisaille de l'eau.
Le pasteur de Porto Novo nous attend à la gare et la voiture nous emmène à travers les rues de la vielle capitale du Dahomey.
Nous découvrons le pittoresque des maisons de terre rouge aux ouvertures minuscules qui bordent les artères de la ville.
Les rues de terre sont creusées de trous qui nous font sauter dans la voiture malgré les précautions de notre conducteur.

De larges caniveaux creusés au milieu de la chaussée et où court une eau sale nous envoie, au passage, une odeur désagréable. Des petits négrillons sortent de partout. Derrière ces murs rouges et ces toitures grises, faites de feuilles de palmiers, vivent des milliers d'africains qui encombrent les rues et les animent de leurs voix criardes.

Nous arrivons bientôt à la mission protestante où l'accueil chaleureux de toute la famille nous fait oublier le voyage dans l'autorail tout neuf !

Lettre de papa

Ma chère maman,

Merci pour ta longue lettre de mardi reçue jeudi, nous avons apprécié toutes les nouvelles que tu nous donnais. Tu voyages beaucoup et ça te fait du bien et pendant que tu y es, fait un petit crochet par le Dahomey – le « Comet » à réaction ne met que 11 heures pour aller jusqu'à Abidjan, ne serait-ce pas la question d'argent, je sais bien que tu serais déjà là !... Je réponds à tes questions : question économies nous allons les commencer vraiment à la fin de ce mois car jusque-là il y avait toujours quelques choses à acheter pour installer la maison, constituer un stock suffisant de lait condensés, conserves de petits pois...
Nous allons mettre tout ce que nous pouvons de côté pour pouvoir acheter, dès que possible le frigidaire. Ils viennent d'en recevoir ici (une maison de commerce) des Electrolux à pétrole, très beaux, il faut pour ce modèle 53500 CFA, ce qui repousse à fin juillet avant d'avoir la somme complète !!
Au point de vue cuisine nous mangeons le plus de légumes verts et de fruits possible. Lorsqu'il n'y a pas de légumes de France nous nous rabattons sur les épinards du pays, les papayes vertes, des avocats et des fruits.
Nous avons savouré depuis deux jours d'énormes pamplemousses (non greffés et gros comme des melons d'eau) c'est délicieux. La peau à 2 cm

d'épaisseur mais les quartiers sont faits de chair rouge orangé et très doux et parfumés. Il y a beaucoup de vitamines dedans. Ces fruits viennent de 80 kms de Cotonou.
Jacques a pris ma place pour une fois et
. Mais j'y ajoute d'affectueux baisers à partager sur place.

Ginette

Trois ans vont passer, vite mais heureux. Les souvenirs s'accumulent, les amis passent et repassent, les balades s'enchaînent différentes à chaque fois. Toute la famille s'est installée avec bonheur dans cette vie coloniale comme si nous avions toujours vécu comme cela. Une grande nouvelle arrivera en avril 1953, l'arrivée du réfrigérateur enfin. Ce sera un réfrigérateur à pétrole car il n'y a pas de courant dans la journée. Je revois mon père surveiller tous les soirs, le réservoir en bas et la flamme témoin à l'aide d'un petit miroir.
Cela a considérablement changé la vie de mes parents mais privé notre boy de sa balade matinale chez les amis pour récupérer le menu du repas.

Le séjour normal est de deux ans puis trois mois de congé en France, mais si on prolonge de six mois les congés seront prolongés.
C'est ce que feront mes parents, en fait nous resterons trois ans pour que cela coïncide avec nos vacances scolaires. Comme les congés démarrent au moment où on touche le sol français, le salaire passe en franc métropolitain et il repassera en franc CFA en retouchant le sol africain. L"astuce était de rentrer par

bateau (13 jours de croisière et de revenir par avion. CQFD.
Et le 20 janvier 1955 nous embarquons sur le paquebot général Mangin, de la compagne Fabre et Frayssinet pour Marseille. Mais pour embarquer à bord du bateau il fallait passer par une épreuve folklorique. Souvenez-vous du wharf, de ses grues et de ses trains de barques.
Des paniers de 6 personnes sont mis dans les barques par les grues et lorsque celles-ci sont pleines le remorqueur emmène son train de passagers le long de la coque du paquebot qui va monter chaque panier sur le pont. Il fallait choisir des vêtements qui ne craignaient rien car la poulie de la grue généreusement graissée avait tendance à laisser le trop plein goutter dans le panier.
Le débarquement peut prendre du temps surtout pour les derniers, la mer n'est jamais calme, et tout le monde n'a pas le pied marin, mais quel souvenir formidable ! 13 jours de traversée avec des escales à Abidjan, Conakry, Alger, Barcelone et Marseille. Et je me souviens avoir tenus la barre, sur la passerelle pendant un quart d'heure en compagnie du commandant.
Une vraie croisière, j'ai gardé la nostalgie de ces voyages maritimes.

Et l'Afrique va s'installer dans notre vie, surtout le Sénégal. Nous repartirons de Bordeaux avec le paquebot « Louis Lumière » pour Dakar.
Une traversée de huit jours sans escale. Arrivés à Dakar nous sommes conduits dans un immeuble, un peu à l'extérieur du centre-ville, un quartier qui s'appelle Bel air, où nous avions été en transit lors de notre premier

voyage. Ce sera notre appartement pour six mois, papa est nommé définitivement ici et notre logement – une villa en centre-ville- n'est pas encore libre. Le 12 avenue Faidherbe sera notre adresse jusqu'au départ de mes parents en 1962. Dakar reste ma ville, de la communale en passant par le lycée et le service militaire, j'y ai grandi, passé mon adolescence jusqu'à ma majorité, Je me suis construit dans ce Sénégal qui n'a cessé de me manquer. Les musiques qui m'accompagnent encore sont africaines : Angelique Kidjo, Youssour N'Dour ou Ismaël Dio sans oublier Doudou N'Dyae Rose un des maitres du djembé.

En 1960 le Sénégal est devenu indépendant et après l'africanisation des postes, les fonctionnaires français devaient rentrer en France.
J'avais précédé mes parents de 6 mois pour faire une année scolaire complète. Mais l'Afrique restait ancrée en moi et je me débrouillais pour faire mon service militaire à Dakar dans l'armée de l'air. 16 mois de plus de bonheur. Je n'ai jamais totalement quitté ce pays et je me sens, comme les sénégalais appellent les blancs ayant vécu chez eux, un « sénégaulois ».

Jean Pierre Paulais

Histoire de Bénin

Le Bénin est le siège de civilisations anciennes et brillantes, qui furent bâties autour de royaumes centrés sur des cités-États.
Selon la légende, les dynasties des royaumes du sud de la République du Bénin sont originaires de Tado, ville de l'actuel Togo et sont nées d'un couple mythique : la princesse Aligbonon de Tado et une panthère. Au XVIIe siècle, deux de leurs descendants, Ganyé Hessou et Dako Donou, jettent les bases d'un nouveau royaume : le Danhomè. Houégbadja (1645-1685) en établit les bases légales et les grands principes de fonctionnement : règles de succession, missions politiques des souverains, etc. A cette époque, le royaume se limitait au plateau d'Abomey.

Au XVIIIe siècle, le roi Agadja (1708-1740) étend les frontières du Danhomè jusqu'à la côte atlantique en conquérant les royaumes d'Allada et de Savi. Désormais, le Danhomè participe pleinement et directement au commerce négrier par le port de Ouidah, capitale de Savi. Il s'enrichit considérablement. Le royaume atteint son apogée au XIXe siècle sous le roi Guézo (1818-1858). Contraint par les mouvements anti-esclavagistes, Guézo développe l'agriculture et convertit l'économie du Danhomè qui exporte désormais moins ouvertement des esclaves et davantage de produits agricoles (maïs, noix de palme...). Son fils Badohoun qui prit le nom de Glèlè, est traditionnellement le onzième roi d'Abomey. Il succéda à son père, Ghézo, et régna entre 1858 et 1878. Glèlè poursuivit la politique d'expéditions militaires, en partie pour venger la mort de son père, et aussi dans le but de capturer des esclaves. Glèlè, par un traité signé, le 19 mai 1868, céda Cotonou aux Français. Il mourut le 29 décembre 1889 et fut remplacé par son fils Kondo qui prit le nom de Gbêhanzin. À la fin du XIXe siècle, malgré la farouche résistance du roi Gbêhanzin (1889-1894) à la pénétration européenne, le royaume perd son indépendance et se dissout dans la colonie française du Dahomey.

Les trois principaux royaumes (créés par les Fon) furent celui d'Allada, fondé au 16è siècle, celui d'Abomey en 1625, et celui de Porto-Novo, alors appelé Adjacè, puis Hogbonou au 17è siècle. Ces entités politiques bien structurées étaient pourvues de centres urbains fonctionnels. Elles avaient développé un commerce local, basé dès le XVIIème siècle, entre autres, sur la traite des esclaves, puis sur celle du palmier à huile après l'abolition du commerce négrier en 1807. Cette économie de traite a favorisé l'installation, le long de la côte (surnommée « côte des esclaves »), de comptoirs commerciaux contrôlés par les Anglais, les Danois, les Portugais et les Français.

Le sud et le centre du pays suivirent le destin des peuples du golfe de Guinée tandis que le nord, frontalier du Niger et du Burkina Faso, subissait celui des peuples de la savane. Selon la tradition orale, au début du XVIe siècle, les Adjas quittèrent la ville de Tado, située sur les rives du Mono, au Togo, pour s'établir à Savè et à Allada, dans le Sud. Au siècle suivant, une scission parmi les héritiers du royaume d'Allada aboutit à la formation du royaume d'Ajacè, au sud-est, et plus au nord, sous la direction de

Houégbadja (1645-1689), du royaume de Dahomey, à partir d'Abomey, qui devint la capitale du royaume. Le Dahomey devint la puissance dominante de la région, grâce à la traite des Noirs, le royaume jouant un rôle d'intermédiaire avec les comptoirs européens de la côte. Vers 1775, les Portugais constituèrent, à partir du royaume d'Ajacè, le royaume négrier de Porto-Novo.
Dans la première moitié du XIXe siècle, le roi Guézo du Dahomey donna d'autres fondements à la richesse de son royaume, développant la culture du palmier à huile afin de répondre à la demande européenne et introduisant de nouvelles cultures (maïs, tomate, arachide, tabac...) dans le pays.

COLONISATION

En 1851, la France signa un traité commercial et d'amitié avec le chef de Porto-Novo, vassal du roi Glèlè du Dahomey. En 1861, les Britanniques prirent au Dahomey la ville de Lagos. Par les traités de 1868 et de 1878, la région de Cotonou, située entre Ouidah, comptoir français, et Porto-Novo, fut cédée à la France. En 1883, le roi de Porto-Novo, souhaitant se protéger des visées expansionnistes du roi de Dahomey, signa un traité de protectorat avec la France. Gbêhanzin, successeur de Glèlè, tenta de reconquérir la région occupée par les Français mais, en 1892, il fut mis en déroute. Le 30 mars 1894, Gbêhanzin fut déporté par les autorités coloniales sur l'île de la Martinique et les établissements français furent regroupés au sein de la colonie du Dahomey.

FIN